OHSAMA BUNKO

いいことがたくさんやってくる!
「言霊《ことだま》」の力

黒戌 仁

三笠書房

はじめに――自分に「ありがとう」をいいたくなる本！

こんにちは。黒戌仁《くろいぬじん》と申します。

これまで世界的なアーティスト、企業経営者、芸能人から、一般の方々まで、のべ3万人の方々へ、カウンセリングや人生相談、開運アドバイスなどを行なってきました。後で述べますが、「言霊《ことだま》ヨガ」というものも主宰しています。

この本は、非常に強力な言葉の力、「言霊」を、上手に使う方法をまとめたものです。

僕たちが普段、何気なく使っている言葉は、**神様が「人間を幸せにしよう」と贈ってくれた、特別なプレゼント**です。

なぜなら、人間は、唯一の「言葉をつくった」動物だから。

人から人へ言葉を通して気持ちを伝え、仲間をつくり、社会ができ、歴史が刻まれてきました。

ごく当たり前に飛び交っていますが、その**言葉に秘められたパワーは、あなたの想像以上にすごいもの**なんですよ。

どんな言葉をどう使うかが、その人の人生をつくっているのですから。

☆「神様を味方につける人」の秘密

僕がなぜ、この考えに至ったかというと、幼少期の臨死体験をきっかけに、スピリチュアルな力に目覚めたことから始まります。

それ以降、生きる意味を探るべく、宗教学、民俗学、心理学を学んできたのですが、「人間の悩みを根本的に解決するためには、心と身体、両面からのアプローチが必要」と気づきました。そこで、インドに渡って本格的にヨーガ哲学、伝統的古典インドヨーガ修行に取り組みました。

このとき学んだ古典インドヨーガと、日本の伝統文化である「言霊」を融合させたヒーリング・ヨガが「言霊ヨガ」です。

ヨガの世界では、「言葉」と「身体」は密接にリンクしています。

というのも、ヨガでは、「息（呼吸）」を大変重視するからです。

漢字で「息」と書いてみてください。そう、「自」分の「心」と書きますね。

その字の通り、「息」とは「心の作用」によって、浅くなったり、深くなったりするもの。

ストレスや不安がたまればたまるほど、息が浅くなっていくので、当然、発する言葉にも力がなくなってしまう。

すると、自分の持っている力が一〇〇%引き出せなくなります。これでは当然、願いをかなえる力も弱まってしまいますよね。


僕が見ている限り、最近の人は、とかく息（声）が弱々しくなって、「自分の可能性にフタをしながら生きている」傾向があるように感じます。

そんなときは、自分の「本音」が迷子になっていることが多いのです。

もっと、**自分の「魂の声」を聞くようにしてほしい。**「本心」をありのままに上手に言葉に表わしてほしい。

神様は、そんなあなたの「魂の声」を必ず聞いています。
あなたの「こうしたい！」という本心が自分でわからなくなってしまったら、神様だって、願いをかなえようがありません。

うまくいく人、運がいい人は、自分の「魂の声」をよく聞き、「言葉の力」を毎日に上手に取り入れています。

言霊の力を日々の生活に使うことができれば、まわりから自然に応援されるので、仕事の成功はもちろんのこと、人間関係も劇的によくなり、運命的な出会いや飛躍のチャンスが、どんどん舞い込んでくるようになるでしょう。

人生を好転させるコツは、意外にシンプルで、ちょっとしたことなのです。
「いい言葉」にはプラスのパワー、「後ろ向きな言葉」にはマイナスのパワー。
言葉通りの未来が待っているとしたら、あなたはどちらを選びますか？

黒戌　仁

もくじ

2章

シンプルで軽やかな毎日をつくる言葉の魔法

――口に出して初めて運命はまわり出す

3章

運のいい人ほど「パワーのある言葉」を使っている

――一つ試してみるごとに、幸福度がグンとアップ！

4章

「見えない力」に応援してもらう方法

――あなたの中の「負けない力」の引き出し方

5章

「7つの声」「7つのタイプ」別　可能性を大きく開くヒント

――古代インドで生まれた「チャクラ」が教えてくれること

6章 身体じゅうにエネルギーをチャージする習慣
――いいコンディションに、いい言霊は宿る

編集協力――中川賀央

1章

「言霊」とは、願いをかなえる一番の近道

――あらゆるものは「望む方向」に導かれていく

神様が与えてくれた、幸せになるためのツール

あなたが口に出す言葉は、神様が「あなたを幸せにしよう」と贈ってくれた、素晴らしいプレゼントなんです。

……そういったら、あなたは信じますか？

たとえば、あなたが映画を観に行ったとしましょう。最近は映画館に行っていないということなら、ライブハウスに行った、ということでも構いません。

映画は小さな映画館でしか上映されていないような、知る人ぞ知る映画だった。あるいはライブだったら、まだ結成したてのインディーズバンドの演奏だった。

でも、あなたはものすごく感動したのです。

「こんな素晴らしいものが、この世の中にあったなんて！」

それから、どんなふうに感じるでしょう。
「この感動を誰かに伝えたい」
そういう気持ちがわき上がってきませんか？

☆言葉を「自分の中」だけにとどめない

人が「誰かに伝えたいな」という気持ちになったとき、それをかなえるためには「言葉」を使わなくてはならなくなります。

今の世の中には、毎日ツイッターでつぶやいていたり、ブログを書いていたりする「言葉」に慣れた人たちがいますね。でも、ちょっと恥ずかしいし、他人からどう思われるかわからない。もし炎上したりしたら面倒だし……そう思って、言葉を少し控えめにしている人のほうが多いと思います。

あなたも普段はそんなに、感情を簡単に言葉にする人ではなかったとします。でも、どうしても、感動したことは伝えたかったのです。だから、できる範囲で言葉にすることにしました。

最初は、気をゆるせる仲間や、家族にいうのでもいい。普段まったく手をつけてもいないフェイスブックに、めずらしく投稿をしてみるのでもいい。

「本当にこの映画、素晴らしいんだよ！」

「ぜひ、聴いてほしい曲があるの！」

勇気を持って「言葉」にした結果、何が起こるか？

「その映画、ちょっと興味がわいたから観てみようかな」

「知ってる〜！　その曲。誰も知らないと思っていたんだけど、私も大好きなの。今度、一緒にライブに行きましょう!!」

こういったことから、人生を通じて付き合っていく親友ができたり、さらには運命を分かち合うパートナーとめぐり合ったりということは少なくないのです。

すると、最初にあなたが「言葉にしたい」と思った感情は、何のために生まれてきたものなのか？

僕はそこにこそ、**人間を幸せにする大きな力**が秘められていると思っています。言葉の力とは、まさに神様が僕らに授けてくれた、最高のプレゼントなのです。

「言霊の力」を人生に活かす、ということ

言葉にはエネルギーがあります。

エネルギーがある以上、それは必ず共鳴作用を起こしていきます。

少しスピリチュアルな言い方をすれば、そこに込められた「氣《き》」のエネルギーが、人の心だけでなく、物質的にも振動を起こし、バイブレーションの作用を起こしていくのです。

たとえば、愛のある言葉をかけながら育てた花と、汚い言葉をかけながら育てた花とでは、前者のほうが元気で長持ちするという話をよく聞きます。ビニールハウスで音楽をかけて育てた果物は、甘さが増すという話もあります。

これらの話に対し、科学的根拠はないという人もいますが、僕はそれこそが「言霊の力」だと信じています。

実際、**古代から日本人が、言葉がもたらすエネルギーを、「言霊《ことだま》」として、非常に神聖視してきたのは、まぎれもない事実**なのです。

僕自身は「言霊」の力を生かし、できるだけ多くの人にも活かしてもらおうと、ヨガや占いといったやり方を通して、世の中に伝える活動をしています。

「黒戌《くろいぬ》」と名乗っているのも、神様から、「そう名乗りなさい」という言葉を夢でもらったと信じているから。黒は大黒様で、神道ではオオクニヌシという日本の古い神様と習合していますが、もとはインドのシヴァ神の化身。

「戌」はそもそも「滅」という字から来たもので、こちらもやはりインドのシヴァ神と関係があります。

いずれにしろ、「この名前を名乗りたい」とか「伝えたい」という感情が芽生えてきたということは、それが神様からのものであるにしろ、自分の心の内側からわき上がってきたものであるにしろ、何らかのエネルギーがあふれてきていることは確かなのです。

そして**人間には、「言葉」という、エネルギーを生かすための手段がちゃんと用意されている。**ならば幸せになるために、それを上手に活用するのが正しいあり方なのだと思います。

☆「言葉の力」はあなたの中にも！

僕もやはり自分の中に、「今まで学んできたこと、身につけてきたことをシェアしたい」というエネルギーが、あふれ出すくらいに強くなっています。

これを、ただ心の中に秘めていても面白くありませんし、誰の役にも立ちません。何より、せっかく伝える役割を与えてくれた神様に怒られてしまうような気もする……。

そこで言葉について知ったことすべてを、余すことなく人に伝え、読者が幸せになるために使ってほしいと本書を書きました。

言葉の力を生かせば、仕事で成功することもできるし、人間関係だってうまくいくし、健康で豊かで、最後までハッピーな人生をエンジョイできることは間違いありません。言霊のパワーは、まさにそれを受け取る機会を今得た、あなたに宿っていくのです。

あなたの中にも備わっている「運命を動かす」エネルギー

「言葉を発したい」という気持ちは、すべての人の中に根源的に備わっている、一番強いエネルギーだと僕は思っています。

喜びであったり、悲しみであったり、人は毎日のようにいろいろな感情を持ちます。でも心にあるうちは、ただ「感情」というだけ。

言葉にして初めて、人は何らかの奇跡を起こすことができるのです。

僕が、よく相談者の方にしているたとえ話をご紹介しましょう。

たとえば、ここに何の趣味もない、何の楽しみもない、旦那さんが帰ってきても別に会話もない。子育てもほぼ終わっているし、「私、これから何をしたらいいんだろう?」と悩んでいる主婦の方が一人、いたとします。

「家にいても、気分がふさぎ込むばかり。でも、身体を動かすのは疲れるから、イヤだなあ〜」

そんな人が、買い物へ出かけたついでに、家電量販店に立ち寄ってみました。

そこで見つけたのは、見本として並べてあるマッサージチェアです。

試しに座ってみたら、ものすごく気持ちがいい。

「こんないい気持ちになれるなら、これからは散歩のついでに、毎日来てみよう。どうせタダなんだから」

これが、**彼女の心に秘めたエネルギーが、少しだけ動き出した瞬間**です。

次の日、量販店に行くと、残念ながら同じマッサージチェアは誰かが使ってふさがっていました。仕方がない。隣に空いている別のマッサージチェアがあったので、代わりにそっちに座ってみます。

「これはこれで、すごくいいな」

「前のものとは、どっちがいいんだろう。どんな違いがあるのかな？」

気になった彼女は、いろいろなマッサージチェアに座って、それぞれの違いを検証し始めたのです。

「こういう腰の症状には、こっちのほうが効くなあ」

「軽い肩こりだと、これは強過ぎるなあ」

それぞれの特徴を、彼女なりに研究するようになりました。そして、それを自分一人のものにするのはもったいないような気持ちになったのです。

せっかくだから、それをブログに書こうかな……と、簡単な〝研究成果〟を言葉にし始めました。すると、思わぬ反応があったのです！

「ちょうどマッサージチェアを買おうとしていたところ。参考になります！」

「どうも、今使っているのに効果がないと思ったら、私の体には合ってなかったんですね」

彼女のブログは人気を集めます。やがてメーカーから「うちの試作品を使ってみませんか？」という相談が来たり、雑誌社から「健康の特集をするんですけど、ぜひインタビューをさせていただけませんか？」という依頼が来たり……。

☆「人に伝えたい」という思いがすべての始まり

この話は、僕がテレビで偶然見たものです。しかし、このネットやSNSの時代、他にもいくらでもこういう話があるでしょうね。

食事に行ったレストランの料理を採点し、評価サイトに投稿し始めたことで人気になって食品をプロデュースするようになったり、読書が趣味で、自分の読んだ本の書評を書きだしたことから、「この人の推薦する本は面白い」と人気ブロガーになって収入を得るようになったりした方は、世の中に大勢います。

彼らに共通することは、何でしょうか。

発端《ほったん》はやはり、**「人に伝えたいなあ」と思ったこと**です。

心の中にあった思いを伝えるのに、たまたまマッサージチェアという媒体を見つけ、「言葉」というツールを有効に使った……。

でも根っこにあるのは、「このままではいけない」という思い。さらにいえば、**「もっと人とつながりたい」「もっと人の役に立ちたい」という思い**です。

その「思い」は誰にでもあるものです。

本書をお読みのあなたにも確実にあるはず。ここに気づき、言葉にしていくことが第一歩。そこからあなたの運命は変わっていきます。

愛される人ほど、ためらわず「好き」を口に出す

僕は霊能者として、よく、女性からの恋愛相談を受けます。

最近、増えている相談は、こんなこと。

相談者の方はとても可愛いし、性格も素敵なのに、「全然、出会いがないんです」とか「なかなか『この人！』とピンと来なくて、関係が深まらないし続かない」と悩んでいるようなケースです。

そんな女性には、およそ霊能者らしからぬ質問を僕はします。

「あなたのご趣味は何ですか？」と。

旅行が好き、読書が好き、スポーツが好き、映画や音楽が好き、アイドルが好き……と、答えは人により様々。

そして皆さん、ここまでは喜んで話してくださるのですが、僕が次の質問をす

ると、多くの方が口を閉じてしまうのです。

「じゃあ、それが好きだってことを、あなたはどれだけたくさんの人に伝えていますか?」

仲のいい友達にはいっているかもしれない。

でも、大勢の人にそれをいうのは、躊躇《ちゅうちょ》してしまう。

「自分よりくわしい人はたくさんいるし……」とか、「遊ぶことに一生懸命なんて、子どもっぽいと思われそうでイヤなんです」とためらう人が多いのです。

自分の好きなものに対して、この向き合い方はとてもナンセンス。

僕はこれまで数多くの恋愛相談を受けてきましたが、いわゆる**「モテる人」「縁に恵まれやすい人」は、総じて「自分の好き」がハッキリしています。**自分の好きなものに対しては心から笑いますが、それについて、人から多少横やりを入れられても気にしません。

反対に、そうでない人ほど、自分の「好き」を語るのに自信を持てなかったり、人から何か横やりを入れられると、クヨクヨ気にしたりすることが多いのです。

☆キーワードは「シェア」！

恋愛を成就《じょうじゅ》させたいとき、ときに人は占星術やタロットのような占いというツールに頼りますね。

確かにそれらには、相手との相性を見極めたり、絶好のタイミングを計ったりするためのヒントが隠されていることは事実です。

でも、そうした神秘的な力が生きるのも、人が本来持っている「言霊」のパワーを使った上でのこと。どうしてかといえば、**それこそが「出会い」を呼び込むために私たちが神様から授かっているツール**だからです。

たとえば、縁結び。「一人旅」というのは、非常に人気のある趣味の一つだそうですね。確かに、「一人で旅行に行く」というのは、身軽で自由ですし、それはそれでとても楽しい行為でしょう。

けれどもそれだけでは、せっかく得た「楽しい」という感情を、誰ともシェアしていませんので、誰ともつながらないし、誰との縁も深まってはいきません。

もし人との出会いに期待するのであれば、起きる確率の低い、旅先でのハプニングに期待しても仕方がないでしょう。

素敵なご縁を結びたかったら、最初からツアーなど喜びを分かち合える人々が一緒にいる場を選んだり、あるいは旅で得た喜びを皆に伝えたりするような行動が必要なのです。

うれしい感情や、ワクワクした感情は、人の気持ちをプラスにする素晴らしいもの。あなたがその感情を得たのであれば、その思いを皆で分かち合い、たくさんの人を同じようにうれしくしたり、ワクワクさせたりしていきましょう。

大勢の人に幸せになってほしい神様は、それを望んでいるのだと僕は思っています。

だから、**自分の感じたことを素直に人に伝えた人が、それによって誰かに認められ、愛される。**それを繰り返すことによって、自然に幸せになるようにできている。

とてもシンプルでわかりやすい、この世の法則です。

自分の「本音」が迷子になっていませんか？

人が胸に抱く感情は、決してプラスなものだけではありません。悪意だったり、憎しみだったり、嫉妬《しっと》だったりと、ネガティブなものも数多くあるのが常です。

「いい感情」を「いい言葉」にして他人に伝えている人が幸せになっていくのとは反対に、「悪い感情」を「悪い言葉」にして周囲に発散させている人には、よくないことが起こってきます。そのことはまた、2章から述べていくことにしましょう。

好きなことをして喜んだり、好きなことを考えたりすることで心が躍るのは、あなたの「あなたらしさ」をつくっている核心的な部分が活動するからです。

それを言葉にして誰かに届けるというのは、あなたの「あなたらしさ」を認めてもらうこと。

だからこそ、魂と魂の出会いにまでつながっていくのです。

☆「空気を読む」のもほどほどに

逆に感情を言葉にするのが苦手な人は、「自分らしさ」を否定されるのが恐いのだと思います。

僕自身、自分がインドに行ってヨガ修行をする前は、そんな気持ちを少なからず持っていましたから、その気持ちはとてもよくわかります。でも、**勇気を持って気持ちを言葉にしていかないと、状況は何も変わりません。**

人は社会生活をしていくうちに、「こういうふうに接したほうが、まわりの人に悪い印象を与えないだろう」と気持ちを封じ込めるようになり、偽《いつわ》りの自分を演じることに慣れていきます。

「変なことをいって嫌われないようにしよう」とか、「周囲の人はこう思っているようだから、本心とは違うけれど、自分もこう答えておこう」とか、空気を読むことを覚えるのです。

確かに、そういう「他人に合わせた言葉」を使っている限り、人に嫌われることはないかもしれません。

でも、「あなたらしさ」を理解してくれる人はいつまでも現われないし、あなたが心から信頼できる人も、いつまでも現われないのです。

それは「言葉」というものを人間に授けてくれた神様が、望んでいることではまったくないと思います。

「偽《にせ》」という字は、「人《ひと》」の「為《ため》」と書きますが、人の望むように生きている人生は、すなわち「偽りの人生」です。自分のための人生を生きられないのですから、充実感も幸福感も持てるわけがありません。

必要なのは、勇気なのです。思い切って、自分の本当の感情を口にしていくこと。「自分らしさ」を言葉にしていくこと。

そうなって初めて、僕たちは「言葉」というものを、「言霊」として自分が幸せになるためのパワーに置き換えることができるようになります。

夢は、抱いた時点ですでに「半分かなっている」

もっと「自分らしさ」を認め、積極的に自分の感情を言葉にしていこう……。

そう思っていても、多くの人は仕事などで、必ずしも自分が心から信頼できるとは限らない人間関係の中で生きています。

だからある程度、自分を抑えなければならないし、ときには無理をすることだって必要でしょう。そんな環境の中で、ついつい自分自身を失ってしまう人が多くなるのです。仕事がら、僕のところには、悩みを抱えて訪れる方が大勢います。

その人たちにお願いしているのは、まず「信じる」ということ。

別に、僕に霊能力があることを信じてくださいとか、そういうことではありません。そんなことは、どうだっていいのです。

大切なのは、**「自分自身を、これから信じてくれるかどうか」**です。

どうしてかといえば、どんなスピリチュアルカウンセラーも霊能力者も、根本的にその力で人を救うことはできません。「私を信じてくれれば、あなたは一〇〇％救われます」などというのは、それこそ詐欺《さぎ》師の類《たぐ》いでしょう。

断言しますが、自分を救えるのは、あくまで自分自身だけなのです。

そのために必要なのは、自分としっかり向き合うこと。

けれども一人では難しいから、お手伝いをするのが僕のようなスピリチュアルな仕事をする者なのだと思っています。

これはまさに、お医者さんやカウンセラーと同じ。ただ使うツールが科学的なものなのか、あるいはスピリチュアルなものなのかの違いだけです。

☆「自信を持つ」までに必要なステップ

「自信」とは「自分」を「信じる」と書きますね。

ここで、僕が考える「自信の持ち方」について、少しお話ししておきます。

自分と自分の可能性を信じることができないのは、とても苦しいですから、僕はこれが「底辺」の状態だと思います（この状態の人が今とても多いのです！）。

そこで、まわりの人が「もっと自信を持って！」とヤンヤという。でも、自信なんて、絶対に自分からはわいてこない。**自分で出せるのは、「勇気」**です。

「何か具体的な行動を取る」ために、勇気を振り絞る。

すると、そこで初めてポジティブな循環がまわり出すのです。


すなわち、「勇気を出して、何かを始める」→その行動によって「やる気」が出る→「やる気」が出たことによって、それが継続的にできるようになる→継続的にできるようになることで、上達する→上達したことを初めて周囲とシェアできるようになる→シェアできることで人に評価される→評価によって自信がつく。

「自信をつける」には、本当はこの過程が必要です。

☆夢は「目指すこと」それ自体に意味がある

「何だか大変そう……」そう思われましたか？

心配しなくても大丈夫。

まずはこれを、**「今」の目標や夢にしてみましょう。**

「目標」や「夢」というと、つい「達成しなくちゃ」「かなえなくては意味がない」と思う方がいらっしゃいますが、僕はまったくそうは思いません。

「目標」や「夢」というものは、「目指す」ことそれ自体に意味があるんですよ。

「夢とは追いかけるものだ」というのが、僕のポリシー。

「絶対かなえるぞ！」と、こぶしを握って血眼《ちまなこ》になって追いかけるのではなく、楽しく続けていたら、いつのまにか、かなっていた。

それぐらいのスタンスが、「夢」との一番よい関係だと思います。

むしろ**「夢を持った時点で、それは半分かなっている」**というべきかもしれません。

それに、楽しく続けていたら、その夢は絶対にかないますし、かなったらかなったで、あなたには必ず、次の夢や目標が生まれるでしょうね。

だったら、「かなえる過程」を人任せにせず、自分自身で目いっぱい楽しまなくては損だと思いませんか？

これが「新しい自分」に脱皮する瞬間

自分を信じて、自信を持つためには、自分で行動すること、そしてそのきっかけが「勇気」を振り絞ることであるとお話ししました。

ところが、それを理解せず、ただ他力本願に、

「運命を変えてほしい」

「願いをかなえてほしい」

「自分の未来を教えてほしい」

と、問題の解決ばかりを願って、僕のような霊能者のところにやって来る人は非常に多いのです。

すなわち「自分が変わろうとはしない」のに、「他人や状況が一方的に変わってくれる」ことを望んでいる人たちです。

それでは、散々にお菓子を食べながら、「間食をやめる気はないけど、最近太ってきたからやせさせてほしい」とダイエットの施設に行くのと同じこと。

いくら頼まれたって、どうしようもありません。

聞くところによると、霊能者の中には、やって来た相談者が、まだ自分と向き合う心の準備ができていないと見抜いたら、鑑定する前に、

「ごめんなさい、あなたを鑑定することはできないので、お帰りください」

と断る人もいるそうです。自分と向き合えない弱い心の持ち主には、何をいっても無駄だからでしょう。

僕自身、「自分にとって都合がよい答え」しか聞き入れようとしない人がいる、ということを経験的に知っています。

しかし、たとえそうであっても、僕は頼ってきてくれた相談者の方を、突き放すようなことはどうしてもできない。だから、次のようなことをしています。

☆今の自分の気持ちをノートに書いてみませんか

僕のサロンでは、初めてのカウンセリングをするとき、最初に相談者の方と、一〇分間のディスカッションの時間を設けています。

「この人は僕のアドバイスで、しっかりと自分の心と向き合ってくれるだろうか。自分を信じられるようになってくれるだろうか」ということを、そこで診《み》させてもらっているのです。

自分と向き合い、自分を信じることをしないのであれば、僕の言葉だって信じてもらえない。

それでは、僕が何をいっても、救ってあげることはできません。

そこで、まだ僕のアドバイスを受け入れる準備ができていないとわかった人には、お金をいただかずに帰ってもらうこともあります。

もちろん、これは双方が納得の上で、です。「自分と向き合う準備が整ったら、また来てください」というわけです。

ところが、「ごめんなさい、僕には無理そうです」というと、途端にこういって泣きだす方がいらっしゃるのです。

「わかってるんです！　わかってるんですけど、できない。

本当は私だって変わりたいんです！」

ここで泣き出す方というのは、誰よりも自分を信じられていないのですね。

でも、ポロリとそんな本音が出るだけだっていい。

「変わりたい」という意思を言葉にして出せただけでも、大きな前進ではありませんか。

「自分を変えたい」

「愛されたい」

「幸せになりたい」

「生きがいを持ちたい」

……どんな感情でもいいのです。

差し当たっては、本のページの向こう側にいる僕に対してでも構いません。こっそりと心の中のものを、言葉にして吐き出してしまいましょう。

できれば、それをしっかりノートなどに書く。

それならば僕も本書を通し、あなたのお役に立つことができます。

ストンと「腑に落ちる」と、すごいことが起こる

「もっと自分を信じなさい」といわれても、「はい、わかりました。今から自分を信じるようにします」と、簡単に切り替えられる人はいないでしょう。

では、どうやって自分と向き合えばいいかということを、これから具体的にお話ししていきます。**大切なのは心だけでなく、自分の身体と向き合うこと**です。

人間は、「魂」と「心」と「身体」という三つの要素からできていて、これらは言葉を通じて結び付いています。

言葉と身体というと、なかなかピンと来ないかもしれません。

でも、**納得することを「腑《ふ》に落ちる」といいますね。**

「腑」とは内臓のこと。日本人は昔から、「身体を通して、相手の言葉に共感する」という発想を持っていたのです。

☆「身をもって」経験して初めて理解できること

この**「腑に落ちる」という感覚は、とても重要**です。

しかし、たいていの人は子どもの頃から「腑に落ちる」ことなく、大人の言葉を受け入れるように育てられています。

あなたも経験があると思いますが、学校に入れば校則がありますし、社会人になったら、いわゆる社会常識を意識するようになるでしょう。

人間は、いろいろな言葉を押しつけられながら成長します。

「もっと勉強しなさい」

「就職しなさい」

「売上を上げなさい」

……頭では納得していても、「腑」になどまったく落ちていない。

そんな言葉が自分の価値基準になっているから、自分がどんどんなくなっていくのです。

では、「腑に落ちる」というのは、どういうことか？

たとえていえば、こんなイメージです。

中学生くらいの育ち盛りの男の子に対して、お母さんが「毎日、お風呂に入りなさいよ」といい聞かせる。

従順な子なら聞くでしょうが、反抗的な子だと、なかなか聞き入れない。これはやはり「腑に落ちていない」ということです。

この子が、初めて女の子を好きになった。でも、その女の子が友達に自分のことを、こんなふうに話していたのを聞いてしまったのです。

「あいつ、いつも汗臭いよね〜」

これは相当ショックですよね。腑に落ちるどころか、本当に胃がキリキリ痛んでしまうかもしれません。

二度とそんな思いをしたくないから、この子は毎日のようにお風呂に入り、自分の体臭に気をつかうようになった。

お母さんからいわれてきたことが、やっと「腑に落ちた」のです。

「腑に落ちる」という言葉のイメージ、つかんでいただけたでしょうか？

「言葉」と「身体」の切っても切れない関係

僕がインドで厳しい修行を通して学んできた、古典インドヨーガとインド哲学。

そして、このヨガの世界では、言葉と身体は、しっかりと連動しています。

それはなぜか、ご説明しますね。

僕たち人間が、言葉を発するときに必要なアクションは何でしょう？

それは「息を吐くこと」です。つまり「呼吸」。

そして、ヨガに限らず、坐禅《ざぜん》にせよマインドフルネスにせよ、瞑想法《めいそう》ではこの「息」（呼吸）というものを非常に重視するのです。

なぜなら、「息」という漢字を思い浮かべてみてください。

そう、**息とは「自」分の「心」**と書きますね。

つまり、「息」とは「心の作用」によって、浅くなったり、深くなったりするものです、ストレスがたまれば息が浅くなっていき、そうなると当然、発する言葉にも力がなくなってしまうのです。

☆息は「吸うこと」よりも「吐くこと」が大事

普通、人間は呼吸をするとき、「吸う」ことに意識を向けがちです。

古典インドヨーガの教えでは、人間の肺は七〇%が吸うためにつくられているといわれています。ですから、緊張すると無意識に吸う息の量が増え、過呼吸やストレスの原因となっていくのです。

しかし、瞑想などを通して呼吸に意識を向け出すと、「吐く」ほうが長くなります。そして**「吐くこと」に集中することで、「悪いもの」を体内から全部、吐き出すことができる**のです。「悪いもの」というのは、悩みや不安、迷い、そういったネガティブなものすべてのこと。

すると、自然に「いいもの」だけが体内に入ってくるようになる。

だから、人は呼吸を意識することによって、発する言葉に、より一層の力がこもっていくようになると考えられます。そして、魂のエネルギーを正しく放出できるようになるのです。これが、まさに「言霊」のパワーです。

言霊の力を正しく利用すれば、モチベーションは上がりますし、自分の言葉に手応えを感じられる。そうするうちに、どんどん自信が強まってきて、人生が今以上にうまくまわりだすことを保証します。

本書の5章では、「チャクラ」といって、それぞれの「自分らしさ」が身体の特徴に反映され、それによって言霊のパワーも変わることを説明していきます。

このように、ただやみくもに「自分を信じよう」というのではなく、根拠のあるスピリチュアルな面からも自分を知り、**自分の魂に忠実な言葉を力強く発してもらおう**というのが、僕のカウンセリング。

そうすることで、人はいくらでも変わっていくことができるのです。

僕自身、この考え方を知ることによって、自分の運命を変えることができたと思っています。ですから、たとえあなたが今、自分に自信が持てなかったとしても、何も心配することはありません。

僕が「言霊」の力に目覚めたきっかけ

あなたを幸せにしてくれる「言霊」の力、次章からはそのことについてより詳しく述べていきますが、その前に僕自身のことを少し語っておきましょう。

僕の生い立ちというのは、あまり面白いものではありません。

そもそも霊能力に目覚めたのも、幼少期から青年期まで、父親から虐待を受け続けていたことがきっかけだったのです。

格闘家であった父親に殴られたことで右目の視力を失い、死の淵をさまよったことも何度となくありました。

その代わり、身体から魂が離れていったり、霊や神様の姿が見えたりするようにもなりました。僕のカウンセリングの根幹になっている、人のオーラを見る力も、こうした経験が体得させたのです。

そんな僕が能力を生かし、霊能や占いの世界で生きるようになったのも、自然な流れではあったのでしょう。

☆心と身体、両面からのアプローチが必要

僕は基本的に、相手の名前や生年月日を聞かずに鑑定を行ないます。よほど心を閉ざしていたり、強い猜疑《さいぎ》心を持って来られたりする方でない限りは、相談内容すら必要としていません。

仕事、恋愛、人間関係、土地、先祖、カルマ、健康、家族、チャクラ、オーラと霊査する中で、相談者の身体に「黒い影」が見えてきます。

それを、僕は**「カルマチャクラ」**と呼んでいます。そして、そのチャクラの部位に当てはまるアドバイスをするのです。

ただ、先ほど述べたように、一部の相談者は、その事実を受け入れることができません。中には、こんなふうに逆ギレをする方もいらっしゃるのです。

「自分に何が足りないか、なんてわかってるよ。わかっているけど、できないか

ら悩んでここに来てるんじゃないですか！」

厳しい言い方になりますが、これはただの言い訳に過ぎません。

「自分にはできない」と勝手に思い込んでいることが、すべての原因なのです。

つまり、自分の心と向き合っていないのです。自分の心と向き合うことを拒絶している人には、どんなスピリチュアルメッセージも届きません。

そのような人を、どうしたら救えるのか？　僕は、その答えをずっと探していました。

そして、僕の行き着いた答えが「伝統的古典インドヨーガ」だったのです。

心と向き合えないという人は、まず身体と向き合うことで、少しずつ自分を肯定していくことができます。つまり、相談者の方々に、ヨガを通して、自然に自信を身につけていってもらおうと考えたのです。

☆ヨガは非常に優れた「瞑想法」の一つ

最近は、フィットネスジムで気軽にヨガのレッスンを受けられるようになりましたね。

しかし、伝統的古典インドヨーガは、ただのフィットネスではありません。呼吸に意識することを重要視した、立派な「瞑想法」です。

つまりインドヨーガは身体だけでなく、心にもアプローチし、調整することができるのです（ちなみに、日本の坐禅のスタイルは、ヨガのポーズの一つ。ヨガのほうが、歴史はずっと古いのです）。

それに気づいた僕はインドに飛び、本格的な厳しいヨガ修行に入ったというわけ。

日本に帰ってきてからは、相談者の心と身体、両方の部分から人を救う霊能者、スピリチュアルカウンセラーとして活動し、医師会などでも講演会やヨガ指導を行なっています。

また、言葉の力をより深く理解し、「言霊」を意識して使うようになりました。

心と身体、両方からのアプローチで、たくさんの人を救うことが、今の僕のテーマになっています。

神様から与えてもらった、あなたの「宿題」は何？

前項で「カルマチャクラ」という難しい言葉をご紹介しました。

「カルマ」とはもともとサンスクリット語で、仏典などでは「業《ごう》」と翻訳《ほんやく》されます。こう聞くと、何だか少し怖いイメージでしょうか。

しかし、僕は「カルマ」をもっとカジュアルなイメージでとらえています。

僕が考えるに、「カルマ」とはすなわち「宿題」です。**人はそれぞれ、宿題（カルマ）を背負って生まれてくる**のです。

5章で、「チャクラ」の考え方についてよりくわしくご説明しますが、簡単に述べますと、身体を七つのツボに分け、そこにこもる「氣」のエネルギーを生かしていくヨガの考え方です。

僕たち人間は、七つのチャクラのうち、必ず、どれか一つが「弱い」状態で生まれてきます。その「弱いチャクラ」こそが「カルマチャクラ」。

すなわち、その人が人生で追求しなくてはならないテーマです。

「神様から与えられた宿題」だと考えてください。

☆たとえば「喉が弱い人」なら……

たとえば、喉《のど》のチャクラが弱く生まれた人というのは、しゃべるのが苦手。発言するのが得意ではないのです。

でも、自分なりのメッセージを伝えたいという気持ちは人一倍あります。その結果、アーティストやクリエーターになる人が多いのです。

他にも、胸にカルマチャクラがある人もいます（僕も、胸にカルマチャクラがあるタイプです）。このタイプの人たちの人生のテーマは、愛情、つながり、絆《きずな》。

だから、人間関係でいつも悩む人が多い。

でも、やっぱり他人との関わりの中で自分を知っていく人なので、積極的に人と交流し、誰かの役に立てるようにがんばっていくことが必要なのです。

この、それぞれのチャクラが「人生の宿題」だという考え方は、人生においてとても役立つ知恵だと思います。

自分の人生をうまく楽しめていないと感じている人は、それぞれのチャクラにもっと意識を向けてほしい。たとえば、喉のチャクラが弱い人なら、もっと積極的に発言したり、もっとSNSやブログに自分の考えを書いたりしてみる。

そういうのがイヤなら、日記でもいいから、書く習慣をつける。

理想をいえば、書いたものを誰かに見せたい、シェアしたいという意識で書くのが望ましいですね。すると、喉のチャクラが活性化し、その人の人生は必ず好転していきます。

チャクラについては、5章でよりくわしく述べますので、ぜひ自分の「宿題」は何かな、とワクワクしながら考えてみてください。

あなたは「ありのまま」ですでにパーフェクト

人はそれぞれ異なる「宿題」を背負って生まれてくる、と述べました。

しかし同時に、僕たち人間は、すべての人に共通する「宿題」も持っています。

それは「比べる」ということ。

ここで、動物とわれわれ人間の違いについて、考えてみてください。

動物は、たとえばダックスフントであれば、「この子が○○くん」「この子は○○ちゃん」といわれても、飼い主以外はとっさに区別がつかなかったりするものです。

しかし、人間は違う。個人によって、姿かたちが大きく異なります。

異なるのは、見た目だけではありません。声、能力、経済状況、持って生まれたカルマチャクラだってそうでしょう。

これはつまり、**人間には「比べる」という宿題が、神様から与えられているのだ。**そう、僕は思うのです。

そして、すべての悩みは「誰かと比べる」ことから生じます。自分とあの人、どちらが優れているか、劣っているか……。しかし、それもまた宿題。

「いかに、人と比較しない自分でいられるか」

「自分が自分の人生の主人公でい続けられるか」

これが、万人に共通する「人生の宿題」なのです。

☆「あの人と比べて……」の洗脳から自由になろう

41ページで、人間は、「魂」「心」「身体」という三つの要素からできていると述べました。まず身体があり、そこに魂が入ることによって、人間として生まれてきます。この状態は完璧な状態です。

人によって違いはありますが、比較しない限り、その存在はパーフェクト。生まれたばかりの赤ちゃんは、皆とても幸せそうでしょう。

しかし、人は成長するにつれて、他人と比べることを覚えます。

「皆にできることが、できないね」

「足りないね」

「何かが欠けているね」

「人と違うね」

……そうやって、人は自分自身を傷つけ、不幸にしていくのです。

比較さえしなければ、その人はそれだけで十分パーフェクトな存在なのに。

すべての悩みは「比較すること」から生じるといっても、過言ではありません。

☆人生、「余裕の構え」でいきましょう

人を不幸にする「比較」。これは、「心」によってもたらされるものです。

「心」という言葉ではイメージしづらければ、「知恵」「思考」「経験」「感情」「打算」などといった言葉に置き換えてもいいでしょう。

要は、身体に魂が入って、育っていく過程で心が養われていきます。この**心の**

作用をいかに上手にコントロールし、自分自身が人生の主人公であり続けるか。

それが、僕たちが生きていく上で最も重要なことなのです。

なぜ僕たち人間にだけこんなハードな宿題が与えられたのかというと、それは、**僕たちがこの世界の中で切磋《せっさ》琢磨《たくま》して成長するため。**

大丈夫、神様は、できない宿題ならそもそも与えません。

それぞれの魂の格に応じた宿題が与えられているのですから、絶対にクリアできるのです。

であれば、「比べない」という宿題にも、気楽に取り組んでみませんか。

人と比べなくなったときに、初めて人は、素《す》の自分に立ち返ることができます。

そして、「皆違って、皆いいんだな」と、心から思うことができるでしょう。

「いい・悪い」も、「好き・嫌い」も、「できる・できない」も全部、自分がつくり出した、ただの幻想。

それに気づくことができれば、必ず人生は好転していきます。僕と一緒に「言霊」の手助けを借りながら、少しずつ気づきを積み重ねていきましょう。

神様はちゃんと「道標」を示してくれている

それにしても、なぜ、ヨガだったのか？　不思議に思われた方もいらっしゃるでしょう。実際、周囲からは、「なんでまた、その歳からヨガ？」とあきれられることもありました。ヨガを始めたとき、僕はもう明らかな中年男性でしたから、身体は硬く、お腹も少しぽっこりしていたのです。

でも、僕はあきらめませんでした。年齢なんて、ただの数字に過ぎません。

人は、勝手な思い込みによって、自分に必要のない制限をかけてしまうことがよくありますね。何かのせいにして、「やらない理由」を考えてしまうのです。「年齢」や「環境」は、その最たるものでしょう。

しかしこれは、非常につまらない考え方だと思います。

大事なのは「今の自分が何をやりたいか」「どう思うのか」ということ。

読者のあなたは、何かのせいにして、「やらない理由」を考えてしまう人にならないでほしいと願います。

さて、ヨガの話に戻りましょう。もともと、僕にとってヨガは趣味の延長線上で「好きになった」というぐらいのものでしたが、続けているうちにヨガに対する気持ちや関心はどんどん強くなっていきました。

しかも「オーラの調整に最適」という発見を経て、その奥深さを知り、どんどんハマっていったというわけ。

その流れで、人に教え、「シェア」するようになったのです。

☆「何となく好きなもの」には必ず意味がある

でも、後から考えると、ヨガというのは、インドのスピリチュアルな考え方から生まれたもの。ヒンズー教の神様の一人、シヴァ神と深く関わっています。

このシヴァ神は、僕が信仰している神様で、前に述べたように「黒戌」の「黒」にも「戌」にも関係しているもの。

日本で「シヴァ神を信仰している」というとめずらしく思われるかもしれませんが、あの「不動明王」だってもとはシヴァ神です。

僕はよく、東京都下の高幡《たかはた》不動にお参りに行くのですが、さまざまなお寺で祀《まつ》られている「お不動さん」と、本質的には同じ神様と考えてください。

つまり、僕たちが選ぶべき道というのは、「好き」という形で神様がちゃんと道標を示しているのだと思うのです。**何気なく好きになるもの、何気なく興味を持つもの、そこにはちゃんと意味があります。**

「人との出会い」だって、もちろん同じです。

誰かを好きになったり、友達になったりした。それがうまくいかず、失恋したりケンカ別れをしたりして、悲しい思いをすることだってあるでしょう。

でも、**その人を好きになり、交流したことには、ちゃんと意味がある。**その証拠に、昔の思い出を振り返れば、今はもう会えない人たちに救われたことや学んだことも、たくさんあるはずです。その事実を、疎《おろそ》かにしてはいけません。

おそらく、**彼らはあなたの「運命の人」だったのです。**次の項では、みんなが気になる「運命の人」について、僕なりの考えをご説明しましょう。

あなたの「運命の人」は必ずいる、それもたくさん

僕は、「運命の人」はいる、と思っています。ただ、その解釈にはちょっと注意が必要。

あなたは、「運命の人」と聞くと、どんな人を思い浮かべますか？

お互いに初対面のときから「ビビッ！」と来て、すごい勢いで恋に落ち、結婚して一生を添い遂げる……。ここまでいうと大げさかもしれませんが、それに近いイメージをお持ちの方は多いです。

しかし、僕の「運命の人」の解釈は、それとは大きく異なります。

運命の人とは、あなたに何かしらの「気づき」を与えてくれる人のこと。

ですから、恋愛関係の相手とは限りません。

それは恩師かもしれないし、友人かもしれないし、上司かもしれないし、道端

ですれ違っただけの人かもしれない。

あるいはYouTubeで歌っているアーティストかもしれないし、本書かもしれない。

もちろん、ポジティブな関係の人ばかりではなく、**むしろ仲の悪い人や、あなたを攻撃する人が「運命の人」ということもありえます。**

「良縁も悪縁も、すべて同等の価値がある」と僕は考えています。

いずれにせよ、人生において、必ずあなたは何人もの「運命の人」に出会います。

☆「タイミング」を人間が操作することはできない

そして、あなたが誰かの言葉を聞いて何かに気づくとき、そこには必ず神様の示唆《しさ》が働いています。

ですから「あの人が自分の『運命の人』だったらいいな」と相手を選ぶことはできませんし、また「気づき」を得るタイミングも自分で操作することはできません。この、気づきを得るタイミングというのが、意外に曲者《くせもの》。

たとえば昔、耳にした言葉をふと思い出して、「これは、こういうことだったんだ！」とハッとしたこと、あなたにもあるのではないでしょうか？

60ページで「昔の思い出を振り返れば、今はもう会えない人たちに救われたことや学んだことも、たくさんあるはず」と述べましたが、これもまさにそれ。「運命の人」からの言葉で「気づき」を得たケースです。

当時は気づけなかったけれども、今なら気づける、わかる。

こんなとき、あなたは「あのとき、気づいていれば……」と悔《く》やむかもしれませんが、そのこと自体が大きな財産ですから、その「気づき」を大事にして、これから出会う人たちと接することにしましょう。

そもそもタイミングというのは神様の仕事の領域なので、僕たち人間が操れるものではないのです。

ですから、「過去のことを振り返る」というのは、しなくていい苦労の最たるもの。どんな出来事であれ、そのとき始まったそのことは、そのときが始まりなのだから、過去は関係ありません。

過去の呪縛《じゅばく》を手放して、軽やかに生きたいものですね。

その「出会い」には必ず意味がある

あなたにとって「運命の人」が何人もいるということは、同時にあなたも誰かの「運命の人」になっているということでしょう。

あなたの何気ない発言で「気づき」を得た人は、あなたの想像以上にたくさんいるはずです。

そう、この世で生きている人は、一人ひとりがそうした役割を持って存在している、〝メッセンジャー〟なのです。

ですから、もっと積極的に、「言霊」の力を使っていこうではありませんか。

そして、**言霊を媒介するのは、「人との出会い」**です。

自分一人で、部屋の中でじっとしていても、何も始まらない。人生にポジティブな循環は決して生まれてきません。

だから、自分から行動を起こし、たくさんの人に出会い、言葉をやり取りする。それが、僕たち人間が幸せになるために、最短で最高の方法だと思います。

☆その人の〝本当の役割〟がわかるヒント

さて、人はそれぞれ「役割を持って存在している」と述べましたが、その役割は永続的なものとは限りません。当然、関係の途中で役割を終えて、あなたの前から去っていく人もいます。

僕が相談者の方を見ていて、印象に残っているケースをご紹介しますね。

こんなカップルの例です。

それなりに長く付き合っている二人なのですが、彼氏が全然彼女を気にかけない。彼女は、自分の価値を否定されたような気がして、どんどん傷ついていく。

そんなときに、彼女が、たまたま知り合った男性と仲良くなる。

そして、自分の女性としての魅力を認めてもらったような気がしてうれしくなり、彼を好きになる。

もともと彼氏との仲は冷え切っているし、もうずいぶん肉体関係もない。自然と、新しい彼氏との関係がどんどん深くなっていく……。

よくある話ですよね？

新しい彼氏が本気で彼女のことを好きだったなら、この女性は元の彼氏と別れて一緒になればいいと思います。ハッピーエンドです。

しかし、その彼氏が遊びだったら……？

新しい彼氏が「そんなひどい男と別れて、僕と一緒になろうよ」と誘い、女性も「そうね、私、別れるわ」と決心し、きっぱり関係を断つ。

その途端、新しい彼氏が、彼女から離れていくことがあるのです。

「私は彼と別れてまで一緒になりたい人が現われたのに、かなわなかった」

こういって、泣きながら相談に来る女性は、案外めずらしくないのですよ。

この話を聞いて、あなたはどう思いますか？

この女性はおろかで、浮気相手の彼氏は不誠実だと思うでしょうか？

☆私たち一人ひとりが、何らかのメッセンジャー

僕の考えはこうです。

離れていった新しい彼氏は、関係の冷め切った元彼と女性を別れさせるために、神様から派遣された人。そういう役割の人だったのです。

彼女が古い腐《くさ》れ縁を断ち切って、前を向くためには絶対必要な人だった。

ですから、無駄な出会いなどでは決してありません。

やっと、発展性のない腐れ縁から離れられたのだから、その〝気づき〟をくれた彼に感謝すればいい。それだけの話です。

だから、相談者にはこう伝えますね。

「彼も君のことを好きだった。それは間違いない。でも、彼の役割は、もう終わっているね。君を元彼から離れさせるために、現われた人だったんだよ。だから、君は安心して、次の人を探しなさい」

これは、本当にそうなのですよ。僕自身、ずっと鑑定してきた経験からも、そう確信しています。

実際、こういったケースで、彼氏への思いを断ち切って、「そうか！」と腑に落ちて前を向いた途端、新しい素敵なご縁に恵まれた人たちを、僕はたくさん見てきたのですから。

どんな形であれ、出会いはすべて必然。そして、**人と人は出会いを通じて、互いの魂を高め合っています。**

人は、自分の魂のレベルに応じた人と、その都度、自然に出会っていくものですし、そのような出会いを生む流れは、あなたの気づかないところで、神様のはからいによって生まれているのです。

ですから、神様の意思に乗っかってみるのは、悪いことではないと思います。

僕自身、できるだけその流れに逆らわずに、「来る者拒《こば》まず、去る者追わず」という態度で、流れに乗っていこうと思って生きることにしています。

流れに乗っていれば、この相談者のように、**後で「そうか、あの人と出会った**

意味は、こんなふうにつながっていたのか」と、ハッと気づく日が来るはず。

それなのに、せっかくの出会いを最初から拒否していたのでは、神様だって、あなたと運命的な誰かを結び付けようもありませんよね。

☆いい出会いが連鎖する「流れ」を引き寄せるコツ

結局、それぞれの「人との縁」というものは、全部「役割」と「タイミング」の繰り返しなのだと思います。

そして、縁を広げれば広げるほど、魂を磨く機会に恵まれるので、魂レベルの高い魅力的な人たちに出会えるタイミングが、飛躍的に増えることは間違いありません。

であればぜひ、**人との縁を呼び込み、せき止めないような言葉を使うように心がけましょう。**恥をかくことを恐れずに、人の群れの中に飛び込んでいきましょう。

その結果、恥ずかしい失敗や、忘れたい過去がたくさん生まれたり、ときには裏切られたりするかもしれませんが、それが一体何だというのでしょう。

恥ずかしい過去が多いということは、それだけあなたが「がんばっていた」「充実していた」というまぎれもない証拠ではないですか。

ぜひ「黒歴史」の数を誇りに思ってください。そして、その姿勢を忘れずにいれば、必ず、あなたには「いいこと」がたくさん起こってくるようになります。

神様は「メッセンジャー」の役割を果たしてくれる人を、とても大切にしますから、当然のことなのです。

2章

シンプルで軽やかな毎日をつくる言葉の魔法

――口に出して初めて運命はまわり出す

言霊の力、その最もシンプルな例

僕はたとえ話が好きなので、こんなお話をします。たとえばあなたが、海外を一人でさまよっていたとしましょう。

「どうしようもなく、お腹が空いたなあ」と思ったら、ちょうど魚屋さんがありました。

「食べものだ！」と思い、一目散に行ってみれば、確かにたくさんの魚が並んでいます。ところが、どれも見たことがない。どんなふうに食べたらいいのか、味も食感もまったく想像のつかない魚ばかりなのです。

「どれを食べたらいいんだろう？」と迷っていたら、たった一つ、自分にわかるものがありました。

お腹を満たすような量ではありませんが、日本語で「メザシ」と書いてあります。あなただったら、この状況で、どうしますか？

☆言葉を使った「経験」が、自信をつくり上げていく

これは言霊の力を、生かせるかどうかの簡単な質問なのです。言葉をうまく活用できない人は、たいてい「これなら食べたことがあるから」と、その〝メザシ〟を選んでしまいます。その結果、新しい魚を知ることもなく、今まで知っている範囲の知識に満足して、お腹を空かせながら細々と生きていきます。

では、言霊の力を使える人はどうするか？

難しいことではありません。**シンプルに言葉で、店員さんに聞けばいい**のです。

「何が美味しいんですか？」
「何が旬ですか？」
「今、人気があるのは何ですか？」

そう聞けば、「これが一番、おすすめだよ！」などと、ちゃんと教えてくれるでしょう。

もしかしたら、すすめられた魚は不味《まず》いかもしれない。ならば、「この前のは自分には合わなかったな。もっとあっさりしたものはない？」と、他のものを聞けばいい。

そのうち魚以外に、たとえば肉は何が美味しいのか？　とか、野菜は何がいいのか？……など、いろいろなことを聞いて、知っていくはずです。

これは単に、聞いたから教えられて、学んだというだけの話ではありません。必ず、それ以上の大きな意味を持っています。

最初に「何が美味しいんですか？」と聞いて、「ちゃんと相手に教えてもらった」という経験が、「この国で、自分は受け入れてもらえるんだ」という自信につながっていくのです。

だから二度目、三度目は、最初に言葉を発したときよりも、ずっと精神的に楽になっています。言葉の持つ本質的な力は、こういったもの。

神様は人間だけに言葉を与え、その結果、人間だけが文明をつくり上げることができました。だから言葉を活用している人が、この世の中で、よりチャンスに恵まれるのは、当然のことなのだと思います。

「口に出す」——ちょっとしたことで、人生は面白いほど変わる

うまくいっていない人は、案外とごく単純なことで、「言葉の力」を使うのを怠《おこた》っているものです。

たとえば、「上司が自分のことを理解してくれない」と悩んでいる人がいる。

一方で、やりたい仕事をどんどん実現している同僚がいる。

「アイツはいいいなあ〜」とうらやましく思うのですが、よくよく見ると、同僚のほうはただ上司に「自分は、こういう仕事をやりたいんです。どう思いますか?」と、自分から積極的に話しかけているだけだったりすることも多いのです。

それを指摘すると、「いや、こちらはあの人と違って、上司から嫌われているから」などというのですが、これもニワトリが先か卵が先か、といった問題でしょう。

上司からすると、自分から「こういう仕事がやりたい」と宣言してくる部下は、やる気があるように見えるし、自分を頼ってくれていることで可愛く思う。

一方で「怒られると怖いから」「話しかけるのが面倒だから」と避けている部下は、どう扱っていいかわからないから、次第に距離を置くようになるというだけのことだったりするのです。

☆「ため込んで爆発させる」のはやめましょう

こんな例で考えてみましょう。

あなたは専業主婦で、旦那さんがいるとします。あるとき料理をつくっていたら、うっかり指を切ってしまって、血が流れてきました。

「痛い！」……あなたはバンソウコウを貼って、止血をします。でも「料理はしなきゃ」と、痛いのを我慢して、何とか料理をつくりました。

旦那さんが帰ってきます。「お帰り。ご飯できてるよ」と支度をして、テレビを見ながら料理を一緒に食べる。あなたは痛い指を気にしながら考えます。

「この後、洗い物どうしようかな」

大人しくて、自分の意見をあまりいわない奥さんだったら、何もいわずに、黙って我慢しながら洗い物をするのかもしれません。

でも、**言霊を使ってみたらどうなるでしょう？**

「私、今日、手を切っちゃった。すっごく痛かったの」

「大丈夫？」

「こんな手だから、今、食器洗えないんだよね。だから、洗ってほしいなあ」

ごくごく単純なことですよね。

ひょっとしたら、「疲れてるからイヤだよ、明日、洗えばいいじゃないか」といわれるかもしれません。

でも、そこで「あっそう！　じゃあ、いいわ、私が洗うわ」となったら負け。

「片付けたいから、今日洗っておきたいの。**お願いだから、やってくれないかな。**見て、痛そうでしょ？　すごく沁《し》みると思うんだ。洗ってほしいなあ」

そんなふうに甘えてみる。可愛い妻の頼みなら、ほとんどの男性が「わかった、わかった」というでしょう。

逆に「じゃあ、私が洗うからいいです！」と腹を立てて、痛いのを我慢して洗い始めたらどうなるでしょうか？

「なんでこんなつらい思いをしなきゃいけないいんだろう！」

「私がつらいときに、彼は何もわかってくれない。どうして私は、あんな男を選んでしまったんだろう」

ほんの何気ないことなのですが、こんなところから夫婦仲はどんどん悪くなっていくのです。

いかにも、ありそうなこととは思いませんか？

相手を大切に思うのなら、傷つくことを恐れず、根気強く相手に自分の気持ちを伝えること。

そのやり取りを通して人は成長し、愛情や友情も育まれていくものなのです。

身近な人間関係から、未来において起こることまで、多くのことは、言葉の力を普段どのように使っているかによるところが大きいのです。

「言霊」の力は、まさしく運命をも左右しています。

「こうしてほしい」を上手に伝えていますか

言霊の影響力をさらにイメージしていただくために、もう少しこの主婦の例を続けてみましょう。

「洗ってほしいなあ」と甘えることで、あなたは旦那さんに食器洗いをしてもらうことに成功しました。

でも、普段やっていない人の、慣れない食器洗いです。よく見るとお皿にはまだ汚れが残っているし、ところどころ食器に泡がついていたりします。

そこで、思わず怒ってしまうとどうなるか。

「何これ！　ちゃんと洗ってよ。ぜんぜん洗えてないよ！」

これは、強力な言霊の力を、悪い方向に使ってしまうパターン。

僕はこれを**「呪詛《じゅそ》」**と呼んでいます。

「せっかくやってあげたのに！　いいよ、もう二度とやらないから！」

「短気なんだから、あなたは。何事も中途半端じゃない！」

ケンカになって、夫婦仲はますます冷めていってしまうかもしれません。

☆二人の「流れ」が一気に変わる瞬間

一方、言霊の力を、別の方向で使うと、どうなるか？

先ほどと同様、汚れは残っているし、泡だってついている。それもそのはず、旦那さんは「面倒だなあ」と、バチャバチャッと洗剤をかけるくらいで皿洗いを済ませてしまっていることに、あなたは気づきました。

でも、それをわかった上で、あえていう。

「ありがとう～！　洗ってくれたんだね、うれしい。すごく助かった～！」

「ああ、まあ大したことないし……」

「そんなことないよ、すっごくうれしかったよ」

「そうか、まあ、簡単なことだし。いってくれれば、たまに僕も洗うから」

こうしてあなたが喜んでみせると、旦那さんは内心、自分が皿洗いを適当に済ませてしまったことを反省していたりするでしょう。

明日には「まだ傷が完全に治ってないだろうから、僕がやるよ」といって、もっと丁寧に洗い物をしてくれるかもしれません。

とてもシンプルな話でしょう?

日々の暮らしの中で、会話を面倒くさがらず、不満をためることなく、パートナーなど周囲の人に対して**「私のために、ちょっとこうしてほしい」と素直に気持ちを伝えることは、とても大事**です。

それは決して、わがままなどではありません。

こんなコミュニケーションがずっと成り立っている夫婦であれば、いろいろなトラブルはあったとしても、これからも仲良く関係が続いていくとは思いませんか?

何気ないところでも、すべては言霊の力が、あなたの未来を左右している。

そして言霊の力は、もともとすべて、自分自身の中から発せられているものなのです。

「やる気スイッチ」を簡単にオンにする方法

人間というのは、「魂」と「心」と「身体」という、三つの要素で成り立っていると述べました。

そして、すべての人の核心になっているのは、「魂」です。

どんな人の魂であっても、魂は純粋無垢《むく》な存在で、例外なく、そのままでパーフェクトなのです。

誰もがこの世の中に、パーフェクトな魂を持って生まれてくる。

でも、これはあまりにピュアなものですから、さまざまな思考や知識によって歪《ゆが》められた「心」に揺り動かされてしまうのです。

この「心」が、身体や魂を左右するエネルギーとして具体化した形が「言葉」なのです。

☆誰の魂も、例外なく「ピュア」な存在

純粋な魂が傷ついてしまうと、人はどんどん、本来の魂が望んでいない方向に流されてしまいます。

たとえば両親から、「なんで普通にできないの？」とか、「なんであなたは他の子と違うの？」などといわれ続けると、自分の心が腐っていくとともに、魂も弱々しいものになってしまう。

最悪の場合、「どうせ自分みたいな人間は……」と、自信もなく、希望もなく、卑屈な生き方を選ぶようになってしまうこともありうるのです。

夫婦や恋人、仲のいい友達というのは、魂同士が共感して結び付いていることが多いのですが、そんな関係でも、「なんで普通にできないの？」といったネガティブな言葉を使えば、相手の魂を傷つけてしまう。その状態は、人間関係にダイレクトに影響してきます。

一方で**相手を誉めたり、「すっごくうれしかったよ」という肯定的な言葉を使**

ったりしていると、ピュアな魂はすぐに言葉に共感して、どんどん輝き出します。

相手の魂が輝くならば、自分の魂だって輝いていくでしょう。

☆先に「身体」を動かすと、魂もつられて輝き出す

もちろん、人には「身体」もありますから、そこから「魂」に働きかけることもできます。

たとえばどうしても、やる気が出ないとき。

他人から「やる気を出せ」といわれても、自分で「やろう！」と声を出しても、あまりスイッチは入りません。

それなら先に**「やる気がなくても動こう」と、身体のほうを動かしてしまいましょう。**すると不思議なことに、それまで低かったモチベーションが徐々に上がってきます。

たとえば、この本を手に取ってくださる方にも、毎日の仕事に追われ、つい家事を面倒くさく感じる日だって、当然あると思います。

「あれもしなきゃ、これもしなきゃ……。あーっ！　面倒くさい！」。いろいろとやらない理由をつけて、今日はもう家事をサボろう！　と一度は心に決めたものの、ちょっと罪悪感を感じて、一日中モヤモヤ……なんていう経験をしたことがある人も少なくないのではないでしょうか？

こんなとき大切なのは、**最初から完璧にやろうとせず、「何となく気が向いたことだけをやる」こと**なのです。

「トイレ掃除だけはやろう！」と決めて掃除を始めてみたら、自然に気分が乗ってきて、「よし、ついでにお風呂掃除もやるか！」なんて気持ちになったこと、皆さんにもあるのではないでしょうか。

一度、身体を動かすと、それに呼応して魂も動き出します。

それにつられて、自分でも「調子いいぞ！」とつぶやいたりすることで、心や言葉にもますます影響が表われてくるのです。

ただ、現代社会というのは知っての通り、言葉があまりにも膨大に飛び交っていて、魂にとってはあまりありがたくない環境にいます。

ですから、言霊にはもっと慎重になったほうがいいし、呪詛を避ける工夫も必要なのです。

では、呪詛を避けるには、どうすればいいのか？　その方法を、これからご紹介しましょう。

呪詛は「心の表面」で受け流してしまう

この世の中に、「呪詛」の言葉はたくさんあります。

もちろん人をののしるのは呪詛ですし、陰口や悪口、文句も呪詛。グチをこぼすのも呪詛ですし、無責任に他人を批評・分析するのも呪詛の一つ。

コンプレックスや不安を煽《あお》りたてる広告だって、そうです。

ネットを見れば、それこそいたるところに呪詛があふれていますね。

僕らのようなスピリチュアルな仕事する人間に対して、偏見の目を向ける人は、残念ながらいます。

ある意味で、僕らも「呪詛をかけるから」でしょう。

ごく少数ではありますが、僕ら霊能者やスピリチュアルカウンセラーの中には、「こうしないと、あなたは不幸になるよ」などと呪詛を、頼ってきた人にかける人がいます。

もちろん、これは悪意からではなく、テレビやメディアの要望に応えて仕方なく強い言葉を使っている場合もあると思います。

でも、相談者がまともにそれを信じたら、ずっと縛りつけられて動けなくなってしまうでしょう。

ですから、僕は「呪詛」となりうる言葉にはとても気をつかいながら、相談者と接することにしています。


とはいえ、そうした明らかにわかりやすい呪詛は別として、大半の人は、その言葉を呪詛と考えずに、相手に使っています。

それらは、一見すると呪詛には思えません。

だからこそ、注意が必要。

どんなものかというと、たとえば親が子どもの将来を思っていう言葉もそうですし、上司が部下の成長を期待していう言葉も、ときに呪詛となる。

「がんばれ」といえば、一見するとエールですが、落ち込んでいる状態にある人

には、逆効果に働くこともよくあります。

「そうか、もっとがんばらなきゃいけないいんだ。自分は、まだがんばりが足りないんだ……」

そんなふうに受け止めて、プレッシャーに感じて呪詛に変換してしまう。

ですから、僕は弱った心理状態の人に、「がんばれ」と声をかけるのは、残酷なことのような気がしてしまうのです。

僕自身、サロンにやってくる相談者の方には、「がんばれ」という言葉は極力使わないようにしています。

代わりに**「これから、もっと楽しくなりますよ」**などと、別の言葉をかけるようにしているのです。

☆こんな「受け止め方」があってもいい

ここで、呪詛から身を守るコツをお教えしましょう。

一番よいのは、とにかく「気にしない」こと。

徹底して受け流し、無視してしまうのです。人からのネガティブな言葉なんか、真正面から受け止めてはいけません。

具体的にどうすればいいか、ご説明しますね。

僕の知人はある地方出身なのですが、仕事相手の中に、ジョークでその出身地を揶揄《やゆ》する人がいて、顔を合わせるのが苦痛なのだそうです。

「タヌキが出るところでしょ」

「電気は通っているの？」

最初は我慢していたけれど、最近は思わずムカッとしてしまうといいます。

「失礼な人なんですよ。ガツンといい返してやったほうがいいですか？」

彼女から相談された僕は、こう答えました。

「……いや、放っておいたほうがいい」

これはたわいもないケースでしたが、もし他人が口にするのが、悪口や悪意ある噂の類《たぐ》いだったとしても、僕は「放っておきなさい」「何もいい返さないほうがいい」とアドバイスしたでしょう。

何をいうかは相手の自由であり、他人を自分の思い通りに動かすことはできないからです。

代わりに、自分のとらえ方を少し変えてみましょう。

意外なようですが、**呪詛の多くは、発する相手以上に、受け取る側の気持ちの問題、と考えることもできます。**

この場合、相手の言葉を「悪口」として受け取っているのは、彼女自身の心です。もしかすると、相手はただ物事をよく知らないだけなのかもしれないし、親しみを込めた気持ちが、彼女に通じずに空回りしてしまっただけなのかもしれない。

そういった性格のクセは、**相手の「宿題」（カルマ）なので、他人が手伝ってあげる義理はまったくありません。**

「ああ、この人は、こういう人なんだなあ」と、心の表面で受け流してしまいましょう。それだけでいいのです。

くれぐれも、「ガツンといい返して、やっつけてやる！」なんて思ってはいけませんよ。

もちろん、「どうしてあの人はこんなデリカシーがないんだろう」と、相手を分析するのもダメです。

怒りを伴った記憶を思い返すたびに、相手の言葉が頭の中でリフレインするでしょう。すると、あなたは繰り返し傷つきます。

こうして、相手の言葉が本当に呪詛となって自分の魂にどんどん浸透していき、ダメージを受けてしまうのです。

相手をやっつけるつもりが、逆に自分が呪われてしまうというわけですね。

膨大な言葉が飛び交う時代に生まれた**私たちは、他人の言葉を、自分の魂まで「呪詛」として浸透させない気持ちが必要になります。**

呪詛を背負って損をするのは、他ならぬ自分自身なのですから。

人付き合いがラクになる「20：60：20の法則」

呪詛のような言葉は気にしなくていい。そうはいっても、他人の言葉にすぐ傷ついてしまう繊細な方はいらっしゃるでしょう。

よくわかるのですが、ある程度は割り切ってほしい。

僕はよく、相談者の方にこのお話をします。

この世の中は、**「二〇：六〇：二〇の法則」で成り立っている**のです。

これはどういうことかというと、あなたが何か意見をいったとします。

そのとき、二〇％の人は、あなたの意見について誤解したり反発したりします。

二〇％の人は共感します。残りの六〇％は無関心、「どうでもいい」と思っています。

何か発言したことで、もし誤解を受けたなら、謝ればいい。それで通じなければば仕方がありません。

あなたを否定してくる二〇%、「どうでもいい」と思っている六〇%の人のことは、徹底して「気にしない」。つまり、放っておきましょう。

あなたは自分を理解してくれる、残りの二〇%の人に向かって言葉を投げかけていけばいいのです。

☆「どうでもいい人」から何をいわれたって気にしない

だから、「気にしない」という呪詛の多くは、六〇%の「どうでもいい人」が発するものです。

確かに、ネガティブな言葉はパワーが強いかもしれませんが、先ほども述べたように、あなたが受け入れさえしなければ、魂が傷つくことはありませんので、恐れるほどのものではありません。

ネットに何かを書けば、批判する人がいるかもしれない。営業をしているとき、こちらの意図が通じずにお客さんを怒らせてしまうかもしれない。会社や学校にいる心ない人から、悪口を聞かせられるかもしれない。

でも、それらはあなたにとって「どうでもいい人」から発せられたもの。わざわざ受け取る必要はありません。

もし相手に悪意があったとしても、スルー（受け流す）すれば呪詛など効きはしませんし、**むしろ悪意というものは、ブーメランのように、発した人のもとに返っていく**のです。


だいたい、考えてもみてください。

ベートーヴェンだろうがブッダだろうが、あるいはガンジーだろうがナイチンゲールだろうが、どんな偉人にだって、批判する人は批判するし、嫌う人は嫌うのです。そして、そんな雑音をいちいち気にしていたら、彼ら偉人たちは自分の理想や夢を実現することなどできなかったでしょう。

「誰からも好かれたい」という願いは、誰にとっても実現不可能なこと。

他人の目が気になる、という人は、ぜひこれからは「自分がどう思うか」を行動するときの軸にしてほしいと思います。

「あの人の期待」に応えなくたって大丈夫！

さて、問題は残り二〇％の、「あなたの言葉を誤解したり、批判したりする人」たちです。

この二〇％の人たちは、「こうしたい」というあなたの意見に対し、「いや、そんなのダメだ」「こうしなさい」と、何かと自分の意見を呪詛にして押しつけてくることでしょう。

ときにはそれがパートナーだったり、両親だったり、親友だったり、上司だったり、あなたの大事な人や近しい人だったりすることもあり得ます。すると、「どうでもいい人」と安易にスルーするのはとても難しくなりますね。

でも結論からいいますと、**やはり相手の言葉は呪詛として受け入れず、「気にしない」ことで言霊の力を受け流してしまうしか、対処法はありません。**

他人の言葉に傷ついてしまうのは、相手に対して「わかってもらいたい」とか、あわよくば「期待に応えたい」という気持ちがあるから。

だから、子どもの頃は特に、自分では「そうしたくない」とは思っていても、「親がいうから」と黙って呪詛を受け入れてしまうことが誰しも多いものです。

子ども時代は仕方ないのですが、大人になってからも親の呪詛を受け入れ続けてしまっているという人は、いささか注意が必要。

実際、僕のサロンに来てくれる相談者を見ていても、**実の親がかけてくる呪詛のために苦しんでいる人は、本当に多い**のです。

「たくさん勉強して、いい会社に入ってね」
「早く結婚して孫の顔を見せて」
「私の介護は、あなたにしか頼めない」……。

一つひとつは、ごくありふれた、もっともな願いばかりです。

でも、**あなたがそれらをかなえる義理はありませんし、プレッシャーを感じる必要もありません。**

人は誰かのために生きるのが役割ではありませんし、そんなふうに生きても、まず幸せにはなれないからです。

☆あなたは「誰のため」に生きている？

昔、こんな介護施設のCMがありました。

自分の人生を顧《かえり》みず、介護が必要な母親の世話をしている女性が、施設の前を通りかかります。女性が疲れ果てた顔で、ふと施設の庭に目をやると、庭先で、車いすに乗った高齢の女性が、たくさんの同年代の人たちから、誕生日を祝福されている姿が目に入りました。

そうか、こういう選択も間違いではないのか。

そう感じた彼女は、介護施設に母親を連れていくことを決意する。そんなストーリーでした。

僕が、このCMを見て感じたことは、「人の役割」です。

人には、それぞれの役割があります。

そして、**「自分のため」に生きているのか、「誰かのため」に自分を犠牲にして**

生きているのかの違いで、人生は大きく変わります。

「親の介護は、子である自分がやらなければならない」
「自分しか、親の世話をする人はいないから」

こんな思いに支配されている限り、いつまでもその人は、「誰かのために生きる」という呪縛から逃れられません。

CMの女性が母親を介護施設に入所させたとして、ひょっとしたら、「自分の親を介護施設に入れるなんて、親不孝だね」と、その人を責める親戚や身内があらわれるかもしれませんね。

でも、そんな意見は、当事者の苦しみも知らずに、安い正義感を振りかざしているだけで、身勝手の極みだと、僕は思います。

それに、CMの彼女がもし急病で倒れたりでもしたら？　母親の面倒は、誰が見るのでしょうか。

本書をお読みの方の中にも、ひょっとしたら、このCMの女性と同じような状況で苦しまれている方がいるかもしれません。そんな方は、もしかして、「これが自分の役割だから」と、自分自身に呪詛をかけてはいませんか？

一度、ぜひご自分のことを振り返ってみてほしいと思います。

☆これが「他人に依存せずに生きる」ということ

ときには、あなたが大切にしたい人が、あなたを理解してくれないかもしれないし、呪詛の言葉を知らず知らずに投げかけてくるかもしれない。

でも、そう人たちに対して「相手の考えを変えなければ」とか、逆に「自分が我慢して相手に合わせなければ」と考える必要はありません。

ただ、**「ああ、今は二〇%の『誤解する人のカテゴリー』に入っているのだなあ」**と割り切ってしまいましょう。

ひょっとしたら時間が問題を解決してくれて、相手があなたを理解するようになり、呪詛の言葉も訂正されるかもしれません。

でも、一番いいのは、そんなことさえ期待せず、ただ自分にとって不要な言葉を機械的に切り捨てていくこと。

結果的に、そのほうがずっと、様々な人間関係がうまく進んでいきます。

自分の「本心」の伝え方で、人間関係はうまくいく

さて、ここまでご紹介してきた「二〇：六〇：二〇の法則」。

これを知れば、前章で述べた「自分の『好き』を言葉にしよう」という僕の言葉の意味も、よくわかっていただけるでしょう。

人間は、みんな顔かたちが違います。容姿も違えば体格も違うのですが、このように「身体」がそれぞれ異なっているのと同様に、「心」も「魂」もやはり異なっているのです。

魂はピュアであり、誰もが生まれたときから、一〇〇%完璧な存在でした。それでも一人ひとり、その形はハッキリと異なっているのです。

ですから、**違うものを求めるのが当然だし、違うものを好きになったり、違うものに興味を持ったりするのも当然のこと。**

それを人と比べる必要などまったくないし、引け目に感じることも、恥ずかしがる必要もまったくないのです。

たとえば、あなたがリボンやレース、ピンクといったキュートなものに目がないとしましょう。持ち物、身に着けるもの、すべてが甘いテイストのものばかり。

「可愛いものが大好き！」

すると、ひょっとすると「自分に似合っているとでも思っているの？」と、意地悪な言葉を投げかけてくる人がいるかもしれません。

でも、これも魂の声によるもの。あなたが好きなものは好きなのだから、いくら他人が否定しようと、まったく関係がないのです。

☆あなたに「共感する人たち」は必ずいる

あなたが何かを好きな気持ちを言葉にすれば、二〇％の人は、「ヘンなの～」「変わってるね」といった否定の呪詛を投げかけるかもしれません。

六〇％の人は、「フーン、あっそう」と、まったく無関心でしょう。

でも、**世の中の二〇％の人は、必ずあなたに共感してくれる**のです。

これは理屈ではありません。「神様はそういうふうに世の中をつくっている」というだけの、ごくシンプルな話。

だから誰しもが孤独ではないし、誰もが魂が求めることを選んだ結果、ちゃんと助ける人も現われて、幸せになれるように、この世の仕組みができています。

そして、27ページで、僕が「いわゆる『モテる人』『縁に恵まれやすい人』は、総じて『自分の好き』がハッキリしています」と述べたのは、そういうわけ。

繰り返しますが、絶対にあなたに共感し、好意を持ってくれる人がこの世には二〇％います。

だから、**あなたはどうか安心して、自分の魂が求めることを素直に言霊に変えて、思いのままに発言していってください。**

そうすれば、自分の中の「いい・悪い」「好き・嫌い」を理解し、他人と違う自分を認めることができます。これが人にとって、一番自由で、快適で、満たされた気持ちになれる状態なのです。

「魂を輝かせる言葉」を、自分と周囲にプレゼント！

ただ知っておいてほしいのは、「魂」が一人ひとり異なっている以上、自分も知らず知らずに、誰かに呪詛をかけてしまうことがある、ということです。

これは、仕方のないことでもあります。

相手を思いやるつもりでかけた言葉が、逆に相手を傷つけてしまうこともある。仕事柄、ものすごく注意している僕だって、たまに相手を不快にさせてしまうことがあるくらいです。

指摘されたら、「ごめんなさい。そういうつもりでいったんじゃないんです」と、もう一生懸命に謝るしかない。

そして**言葉は必ず、こだまのように自分に返ってきてしまうもの**です。

悪い言葉を発する人には、悪い言葉が返ってくる。逆に、いい言葉を発する人には、いい言葉が返ってきます。

そのたびに魂が揺さぶられるのだとしたら、意識できる限り、悪い言葉を避け、いい言葉をたくさん使っていくようにしたほうがいいでしょう。

☆「使う言葉に見合った人」が引き寄せられる

具体的な言葉については次章で述べていきます。

ここで端的にご説明すると、**「面白い！」という言葉をいつも口にしている人には、面白いことや面白い人がどんどん集まってきます。**

逆に「つまらない！」という言葉が口ぐせになっている人には、つまらない人ばかりが集まってきて、つまらないことばかりが起こってくるのです。

これは当然で、言葉は必ず言霊のエネルギーになって、まわりの人の魂や心に作用していくからです。だから「面白い」という言葉は、面白いことを考えている人や、面白いものを求めている人の魂や心に働きかけていきます。

逆に「つまらない」という言葉は、やはり「つまらないなあ」と感じている人の魂や心に働きかけます。だから必然的に、つまらない状態の人ばかりを引きつけてしまうのです。

そんな状況で、面白いことが起こることなどありませんよね。

☆「光るに言う」と書いて「誉める」

先に夫婦の例で紹介したように、「誉める言葉」は、いい言葉の代表的なものです。

「誉める」と漢字で書けば、まさに「光るに言（葉）」。つまり昔の人は、それが魂を輝かせる言葉だとわかっていたのでしょう。

そして、一度誉めたら、言霊は返ってきて、自分も誉められる。これはうれしいし、相手のことをどんどん好きになっていきますね。

逆に、ついつい誰もが口にしがちな呪詛となる言葉をご紹介します。

それは、「決めつける言葉」です。もちろん、自分の意見をいうのはいいのです。しかしその根底には「相手はこうに決まっている」という、あなたの勝手な解釈が潜んでいるかもしれません。

たとえば、「ちゃんとしなさい」と誰かにいったとします。その言葉の裏には、「相手がちゃんとしていない」という〝決めつけ〟があるのです。相手が、本人なりに一生懸命に毎日がんばっていたのだとしたら、その相手の人から見れば「この人、自分のことを何もわかっちゃいない」ということになります。

もし自分なりの指摘があるならば、「ちゃんとしていない」とか「だらけている」といった断定的な言い方でなく、「たまに机の上にノートを広げっぱなしにしているね。あれ、誰かが覗《のぞ》くからよくないと思うよ」などと、具体的に提案すればいいのです。

このとき、「自分は○○だと思うよ」と、**「私はこう思う」という言い方にするのもおすすめの方法**です。それは「いい・悪い」でなく、自分自身の考えなのですから。後は人の悪いところよりも、むしろ「いいところ」を見てあげるようにしましょう。

そのほうが、いわれた人も成長しますし、自分自身も成長していくことができるのです。

必ず幸せになれる「ヤマ・ニヤマ」のルール

この世というのは案外と単純なもので、決まったルールに則《のっと》ってさえいれば、基本的に誰もが満足して、幸せに生きられるようにできています。

そのルールというのは、すでにインドの『ヨーガ・スートラ』でも、仏教でも、あるいはキリスト教でもイスラム教でも共通していて、ごく当たり前に「戒律」として定められているものです。

たとえばヨーガの「ヤマ・ニヤマ」と呼ばれる戒律から紹介すれば、次のようなところになると思います。

・人を傷つけない（自分を傷つける行為も行なってはいけない）
・ウソをつかない
・ものを盗まない

・分相応な暮らしを心がける
・必要以上にものを所有しない
後は身体の清浄を保ち、整理整頓《せいとん》、掃除をする。適度に食べて、適度に運動して、人に優しく、今の自分が置かれている環境に感謝する。

そして、あらゆる局面で心を乱さないようになるために、常に自分自身を高い位置において、目標を定め、努力を続ける……。


「なるほど、その通りだな」と納得するものばかりです。でも、なかなかうまくできない。

どうしてかというと、こうした教えが生まれた時代よりも現代は複雑になり、「そんな建て前をいっても、現実は違うよね」という考えが、当たり前のように浸透しているからです。

ただ、神様がつくったこの世の中のルールは、何も変わってはいません。

神様も、神様のルールも何にも変わっていないのに、人が勝手にねじ曲げて、遠ざけて生きている。

だから、僕たち人間の心には、不安が生じるのです。不満がわき上がるのです。幸せを感じられないのです。

自然のルールに逆らっているのですから、それは当然のことでしょう。

☆何かを「伝える」ために人は人に出会う

「ヤマ・ニヤマ」の戒律で、特に注目したいのは「不盗」、つまり人のものを盗まないということ。これには、様々な意味が含まれます。

人のものをうらやましがったり欲しがったりするのも「盗み」ですし、誰かの時間を奪うことも「盗み」。人を裏切ることもそうです。

そしてこれが面白いのですが、**自分の得た経験や知恵を人とシェアせずに、自分の中だけにため込むことだって、「ヤマ・ニヤマ」の戒律の中では「盗み」の定義に入る**のです。

21ページで、僕は「今まで学んできたこと、身につけてきたことをシェアしたい」と思い始めた、と述べましたが、これも「ヤマ・ニヤマ」の戒律から気づきを得たから。そう思えるようになったのも、結構、最近のことなんです。

あなたが得た気づきや経験、知恵というのも、自分一人で見つけたものではなく、必ず誰かからもらったもの。

だからこそ、言葉を使って、誰かとシェアしていかなくてはならないのです。

そして、人と人をつなげているのは、言葉です。

ですから、言葉をちゃんと「正しいもの」に直して、幸せになれるような生き方を選べる体質になっていけば、誰でも神様が決めたとおり、幸せになれます。

口にする言葉を変えていくのは、戒律を守るより簡単なこと。

ただ「いう前に意識する」だけです。

それでも**言葉が変わっていけば、習慣が変わり、行動が変わり、運命が変わっていく。**魂もあるべき姿に、キレイに浄化されていくでしょう。

では、具体的にどんな言葉を使えばいいのか？　次章ではそれを考えていきます。

3章

運のいい人ほど「パワーのある言葉」を使っている

——一つ試してみるごとに、幸福度がグンとアップ！

「楽しい明日」を引き寄せるオマジナイ

「あぁ、今日は死ぬのにいい日だったな」

このフレーズは、僕が眠る前に必ず小さな声で口に出す言葉です。

「死ぬ」なんて、縁起が悪いのでは？　確かに言霊を説いている人の中には、そういうネガティブな言葉は、できるだけ避けるように教えている人もいるでしょう。でも僕はこの言葉を、決してネガティブにはとらえていません。

そもそも「死ぬのにいい日」というフレーズは、ネイティブアメリカンが使っている言葉です。

かつて狩猟生活をしていたネイティブアメリカンは、毎日が死と隣り合わせの厳しい生活を送っていました。バッファローの群れに突進されたり、熊や狼《おおかみ》に襲われたり、狩りに出かけて命を落とすこともめずらしくはなかったでしょう。

そこで狩りの日、彼らは早朝に起きると、子供たちの寝顔を見て、奥さんをハグし、それから槍《やり》と弓を持って、「太陽がキレイだね。今日は死ぬにはいい日だ」といって出かけていきました。

愛する家族の顔を見て、自分はこんなに幸せな人生を過ごすことができている。仮に今日、死ぬ運命だとしても、十分に自分が満足できる生涯だったといえるじゃないか……と。

そうやって出かける一日には、何の不安もないし、何の恐怖もない。

自分の最善を尽くして、気力を充満させて、あらゆる困難を乗り越えていくことができそうですね。

☆僕が朝ではなく夜に唱えるわけ

そこで僕はこのネイティブアメリカンの教えを参考にして、朝でなく夜に「今日は死ぬのにいい日だったな」という言霊を発するようにしたのです。

夜寝たら、朝起きるのは当たり前。皆そう思っていますが、実際には一日に何人もの人が、そのまま起きずに死を迎えています。

とくに僕は、子ども時代には死にかけたこともあり、現在は霊的な仕事をしているので、死というものが、われわれのすぐ身近にあることをよく知っています。

だから、まず当たり前の今日を、無事終えたことに感謝し、家族や友人たちも無事であることに感謝し、身体の各部分にもそれぞれ感謝して、その後で「このまま死んだとしても満足なくらいに幸せだ」という気持ちを込めて、「今日は死ぬのにいい日だったな」といっているのです。

すると次の日の朝は、とても充実した気持ちで目覚めることができます。

つまり、**眠る前に、「今日は死ぬのにいい日だった」ということで、次の日のいい出来事をも呼び込むことができる。**僕は、そう考えています。

☆「その日にやり残したことがない」から、ぐっすり眠れる

僕は、感謝しているときに、「ちょっと、まだやり残していることがあるな」

と思うことがあったら、できるだけその場で解決してしまうことにしています。

それはまったく大きなことではありません。

たとえば、「今日は思い切り身体を動かしたな」と思えば、少し足などをマッサージしたりといった、ちょっとしたことです。

でも、**この「ちょっとしたこと」をやり残して一日を終わるか、やり切ってから一日を終わるかの差は、意外と大きい**のです。

皆さんも、日々、感謝をしながら、「今日はまだちょっとやり残していることがあるな」と思うことがあったら、ぜひ、できるだけその場で解決してしまいましょう。

「子どもをたくさん叱ってしまったな」と思えば、子どもたちが寝ているところに行って、こっそりハグしたり、キスをしたり。「恋人とケンカをして、気まずいままだったな」と思えば、ＬＩＮＥや電話で謝罪の言葉を伝えてみたり、そんなちょっとしたことでいいのです。

それで「何も思い残すことはない」と満足したら、「今日は死ぬのにいい日だった」と充実して眠りましょう。とても幸せな気持ちで快適に眠れるはずですよ。

「しなきゃ」と「面倒くさい」だけは封印

その一日に起こることを、どう乗り切っていくか？

そして自分がどんな気持ちで、一日を過ごすか？

これらは、ほとんど口にしている言葉が決めていることも多いのです。

前項で、僕が「今日は死ぬのにいい日だった」ということで、次の日のいい出来事を呼び込んでいると述べました。僕に限らず、あなただって、口にする言葉で、自分の明日を変えていくことができます。


たとえば、会社に行くとき。

あるいは面倒な報告書などを片付けるとき。

こんなとき、心の中で「行かなきゃ」とか、「やらなきゃ」といった言葉を発している人がいます。

言霊の力を考えると、この言葉が会社を「行きたくない場所」にし、仕事を「やりたくないこと」に変えているケースが、とても多いのです。

・行かなきゃ↓本当は行きたくないけど、行かなくてはいけない
・仕事をしなきゃ↓本当はやりたくないけど、やらなくてはいけない

本人にそんなつもりはなくても、知らず知らずのうちに、心はそんなふうに変換してしまうでしょう。

そんな日常が続くと、たとえ素晴らしい人間関係に恵まれていても、ほとんどのことはうまくまわっていても、たった一つの苦手なことがクローズアップされ、会社がどんどん「イヤな場所」になっていく。

こんなふうになっている人は要注意。すべては自分の言葉で、呪詛をかけているのです。

☆何か「したい」と思ったときは、神様が応援している

そもそも人が何かを「やろう」というとき、その行為は神様であったり、守護霊であったりと、多くの人知を越えたパワーに応援されています。

もし、それがあなたにとってマイナスとなる行為であれば、あなたを応援する力は、全力でもって、その行為を止めようとするはず。

だから「○○しなければならない」という、その行為を誰かに課せられたかのような義務に変えてしまう言葉は、決して使ってはいけません。

それよりも、「行くぞ」とか「やるぞ」という、自分の意志を示す言葉を使ってほしいと思うのです。

自分を成長させ、レベルの高い人間にしてくれる「勉強」。あるいは人の役に立って、しかもお金までもらえる「仕事」。

趣旨を考えれば、ものすごく素敵な、素晴らしい行為ですよね。

ところが、どういうわけか人は、これらを「しなければならないもの」のようにとらえてしまう。

すべて「勉強はつらいもの」とか「仕事は面白くないもの」と、世の中の言霊が、そんな固定観念をつくってしまっているのではないかとも感じます。

僕ら人間の中にも、やっぱり怠《なま》け者の本能のようなものはあるのかもしれません。というのも**言霊の中でも、最強に近いくらい強い言葉は、実は「面倒くさい」なんです。**

この「面倒くさい」は、ときどき親の本能である子育てさえ放棄させるくらい、ネガティブなパワーの強いもの。

一度口にすると、途端に自分や周囲のテンションを下げてしまうことでしょう。それは呪縛をかけることと同じ、と心してください。

なのに起きたとき朝一番に、「ああ、今日、会社に行くの面倒くさいなあ」と、自分に呪《のろ》いをかけてしまっていたら……？　それではどんどん、毎日がつらいものになってしまいますね。

心当たりのある人は、ぜひ「面倒くさい」を今日から封印してみてください。

一寸先を〝光〟に変える言葉

それでも、難しい現実があれば、「行きたくないな」とか「やりたくないないな」という気持ちは出てくるかもしれません。

追い打ちをかけて、「面倒くさい」の呪縛を受けたら、いくら「行こう」とか「やろう」と言葉を発したところで、なかなか〝行く気〟や〝やる気〟は高まっていきません。

だから、**僕が重視しているのは、「楽しもう」という言葉**なのです。

やるべきか、やらざるべきか。僕のところには決断に迷っている人が多く訪ねてきてくれます。

もちろん鑑定をしたり、霊的な透視をしたり、いろいろな手段を通して見ることはするのですが、たいていの場合はすでに答えが出ています。

ほとんどの場合、相談者自身が「やろう」と考えているから、後押ししてほしくて僕のところに来ているのです。

でも、ただ「やれ」と命じられても、勇気はあまり出ないものです。それでは、「いわれたから、やらなきゃ」になってしまう。

だから、**僕は「楽しみましょうよ」という言葉を積極的に使います。**

「転職して、仕事を楽しみましょうよ」

「好きな気持ちを、思い切って打ち明けましょう。あなたが先に進むためには、悩むよりも、まず思いを言葉にして動くこと。結果がどうあれ、楽しいと思える人生を常に選択することです」

そんなふうに言葉をかけることにしています。

☆「失敗した〜」と思ったときこそ「楽しもう」

「楽しもうよ」という言葉を使っていると、不思議と人はどんな困難も、本当に楽しく乗り切れていくもの。

これもやはり、言霊のパワーです。

たとえば転職して新しい会社に行けば、慣れない環境に身を置くことになりますね。だから、それなりの苦労もあるでしょうが、**「楽しもうよ」と言葉にしてしまえば、いろいろなことが勉強に思えてきます。**

そうでないと、「失敗した〜。こんな会社、選ぶんじゃなかった」と後悔してしまうかもしれません。

そして、**失恋したときにも、やはり「楽しもう」といってほしい。**

失恋は、やはりつらいでしょう。

そんなときは、なかなか前向きな気持ちにはなれないものですが、「楽しもう」という感覚を持つことで、未来を大きく変えることはできるのです。

「この私が片思いしてたなんて、面白いな。思い出の一つひとつが素敵だなあ」

「楽しかったなあ。この経験、ずっと忘れないなあ」

「こんな心震《ふる》わす出会いが、また来ますように」

こんなふうに受け止めることができる人と、

「あんなヤツにアタックするんじゃなかった。恥かいた」

「せっかくの貴重な時間をムダにした」

と、後ろ向きな考えの人。

あなたにとって、どちらの人のほうがより魅力的ですか？　そして、幸せになれそうなのはどちらだと思いますか？　……いうまでもありませんよね。

☆「楽しい言葉」が人を引き寄せる

「楽しい」という言葉は、人間の幸福を決める、根本にある言葉だと思います。

たとえば「成功」という言葉があります。「あなたの目標は何ですか？」と聞けば、「成功すること」と答える人は多くいることでしょう。

でも、どれほどの社会的な成功を収めても、金銭的な成功を収めても、それだけで「幸せだなあ」という感覚になれるとは限りません。

豪華な家や高価な車を所有していても、ギスギスした人間関係に囲まれて、大きなストレスとプレッシャーを抱えている成功者だって、実は多いのです。

「成功」とか「名誉」、「結婚」、「お金」……人々が望むキーワードは多々ありますが、どれもそれ単体で、僕たちに幸福感を与えてくれるものではありません。**人が幸せを感じられるのは、「楽しいなあ」とか「満たされているなあ」と感じている瞬間だけ。**

つまり、人々が目標に掲げる言葉は、ほとんどはただの「手段」であって、「到達点」を表しているわけではないのですね。

だからこそ、**「楽しい言葉」に、人は惹《ひ》きつけられていきます。**

それはテレビを観たってわかります。たくさんの一流芸能人が活躍している中で、好感度ナンバーワンになるのは、たいてい芸人さんをはじめとする、何らかの「楽しいこと」をいっていたり、やっていたりする人がほとんどです。クラスの中でも、あるいは会社の中でも、楽しい人に周囲の人は影響されていきます。

楽しいエネルギーを持っている言霊は、世の中を幸せにするプラスのエネルギーを持っていますから、**「いいこと」をたくさん引き寄せていく力**を持っているのです。

言霊の基本は、「シェア」と「いいね」と「ありがとう」

言霊というものは、SNSに非常によく似ています。

インスタグラムやフェイスブックなどのSNSが普及し、誰かの投稿をシェアしたり、あるいは誰かの投稿に対して「いいね！」というチェックを入れることが、すっかり当たり前になりました。

SNSがこれほどまでに普及し、僕たちの生活に欠かせなくなった一番の理由。

それは、SNSによって**「共感」と「共有」を簡単に経験できるようになったからだと僕は考えています。**

「自分と同じことを感じている人がいるんだ」

「同じ感動をシェアできる人がいるんだ」

という喜びは、人に「自分は、ここにいてもいいんだ」という大きな安心感を与えてくれます。

これなしに、人は自己肯定感を持つことはできません。

「共感」と「共有」は、人間の自信にダイレクトにつながっているのですね。

言霊も同じです。**あなたが楽しかったり、うれしかったり、感動したり、美味しかったりしたら、SNSを使う感覚で、言葉で他人にシェアすればいい**のです。

自分が持ったプラスの感情は、言葉にして初めて、人の心に共鳴するエネルギーになります。

そして受け取るときもまた、誰かが「楽しい」「うれしい」「感動した」「美味しい」と自分の心をシェアしてくれたなら、これもSNSと同様、「いいね」「素晴らしいね」「すごいよ」といってあげればいいのです。

☆"炎上"があなたの人生にもたらすもの

SNSや言霊のポジティブなやりとりは、「誉め言葉」につながっていきます。

前章で述べたように、誉め言葉は最高の「魂を輝かせる言葉」です。だから、たくさんの「楽しい」や「うれしい」が、あなたにも返ってくることでしょう。

ここで「そんなのつまらないよ」とか、「くだらないですね」などといえば、まさしくSNSが炎上するようなもの。

誰もあなたに、「楽しい言葉」を投げかけてはくれなくなる。

それはまさに、「楽しいこと」や「うれしいこと」が、あなたの人生から消えていくに等しいことなのです。

☆「ありがとう」の絶大な効果

もう一つ、楽しい言葉をもらったら、「ありがとう」と感謝の言霊を投げかけることを忘れてはいけません。

感謝の言葉も、間違いなく、魂を輝かせる言霊です。

「ありがとう」という言葉には、マイナスの行為を打ち消し、むしろプラスに変換してしまうほどの強力なパワーが秘められているのです。

あなたもそんな体験を、どこかでしているのではないでしょうか？

たとえば、ある人が、こんなきついダメ出しをしてきたとします。

「あなたって、メールやLINEを返すのがいつも遅いよね。それって、人の信用をなくすと思うよ」

こんな言葉を投げかけられたら、その瞬間どう思いますか？

おそらく、ムッとしますし、こちらにも、いろいろ言い分があるでしょう。

「人の信用をなくす」なんて、言い過ぎじゃない？　とか、フルタイムで働いている自分と、子どものいない専業主婦のあなたとでは、時間の流れも全然違うのだから、多少遅くなるのは仕方がないじゃないか、といった具合です。

しかし、そこで思ったことを全部口に出してしまったら、それこそケンカになることは間違いない。呪詛のかけ合いにしかならないでしょう。

だから、そこでいいたいことをグッと我慢し、代わりにこう答えてみる。

「あら、そう。教えてくれてありがとう」

こういわれると、確実にダメ出しをした相手のほうが面くらい、場合によっては反省までしてくれます。

「そ、そう？　こちらもいい過ぎたのかもしれない。ごめんね……」

こうして、二人の会話には角が立たず、お互いに気まずさやしこりも残らない。

これはあくまで一例ですが、**マイナスの作用を打ち消し、プラスに変換するほどの圧倒的な効果。**それが、「ありがとう」という言霊の持つ力なのです。

多くの場合、人は指摘されたり、頼まれたりする行為自体に反応しているのではありません。あくまで指摘される言葉や、頼まれる言葉が持つパワーに感情を動かされています。

だから、マネジメントのうまい上司や、強いチームを組織している監督、あるいは子育ての上手な親や、パートナーをうまく支えている人というのは、例外なく「誉める言葉」や「感謝する言葉」を多く口にしています。

あなたもぜひ、「ありがとう」という言霊を、今以上に積極的に使ってみてください。驚くほど、人間関係が好転していきますよ。

「ものすごい安心感」を手に入れる方法

「誉める言葉」や「感謝する言葉」を、他人に対して使うだけではもったいない。魂を輝かせるパワーを持った言霊なのですから、**積極的に自分自身に対しても使っていくようにしましょう。**

実際、僕は毎日お風呂に入ったとき、身体の各部分に感謝の言葉を投げかけています。

たとえば身体の中、内臓に対して「ありがとう」といって触れていくと、「あれ、なんか腸のここ、ちょっと張っている」といった異変に気づくことがあります。そのときは、ほぐしたり、軽くマッサージしたりして、気にしてあげる。

その結果、大事《おおごと》になることも防げるでしょう。そして、大きな安心感がやってきます。

人間というのは、「当たり前」に対して、あまりにも冷たいのです。生きているのが当たり前と思っているから、身体に対してあまり感謝をしていません。息を吸うのは当たり前、食事をするのも当たり前。そんなふうに思っていませんか？　でも、いざ肺や胃が病気になってしまえば、その「当たり前のこと」が、いきなりできなくなってしまうのですよ。

身体に感謝の言葉を投げかけるのは、言霊のパワーを送るだけでなく、自分自身に〝当たり前〟の大切さを、あらためて認識させることにもつながります。

☆「何事もなかった日」も「失敗した日」も

もちろん自分を誉めてあげるのも、魂を輝かせる大切な言霊の使い方です。

ただ、よくあるのは、たとえば何か特別なことがあったときに、「私、よくやった！」「すごいよ」と自分を誉めることです。

「素敵な料理がつくれた！」とか、「『いつもおしゃれですね』といわれた！」などなど。

もちろんそれ自体は何も悪くないのですが、「何かいいことがあった日」にだけ自分を誉めると、そうでない日にはどうなってしまうでしょう？

「会社で失敗してしまった！　僕ってダメ人間だ」

「今日は人から『可愛い』っていわれなかった。私、イケてないのかも」

このように、結果が出なかったときにはつい、自分を否定してしまうようになります。これは呪詛になるだけで、決して未来を楽しくする力にはなりませんね。

だから、今日は仕事で失敗して、不味《まず》い料理をつくってしまい、彼氏にも冷たいことをいわれてしまった……。

そんな日でも、やっぱり自分を誉めてあげる！　これが、正しい言霊の使い方なのです。

☆小さな「できた」をこまめに言葉にする

僕たち人間は常に絶好調！　というわけにはいきません。

体調の変化や気持ちの浮き沈みもあります。日常のちょっとしたつまずきは、むしろ当たり前のことでしょう。

だから、**全部がうまくいかなかったとしても、それでも自分を認め、誉めてあげることが大事なのです。**たとえば、

「今朝、つい彼とケンカしてしまった。そんな日でも、私はちゃんと会社に行って働いてきた」

「人見知りの自分だけど、今日は○○さんと○○さんに、笑顔で挨拶ができた。やればできるじゃないか」

こんなありふれたこと、当たり前にできることでも、別にいいのです。

その「当たり前」ができたことを、ちゃんと誉めてあげる。

そうやって、自分の小さな「できた」をこまめに見つけ、言葉にしていけば、「自分はできるじゃないか！」という自信につながっていくのです。

その結果、だんだんと「今までできなかったこと」にも挑んでいけるようになるでしょう。小さな成功を見つけ、言葉にすることで、自分で自分を認めてあげましょう。それが、確固たる自信につながっていきます。

「努力」と「我慢」を区別すると見えてくるもの

「できた」とか「がんばる」という言葉を使うと、どうしてもそれをプレッシャーのように感じる人がいます。

誰かに「がんばれ」とエールを送りたいときでも、「声をかけると気にしてしまうかな」と思うと、なかなか言霊は使いにくいですよね。

普通、「がんばる」というと、漢字では「頑張る」と書きます。この「頑」は、「頑固」の「頑」ですから、どうもかたくななイメージが強い。

さらに「張」という字も、「気を張る」の「張」ですから、緊張した気持ちでいかにもプレッシャーをかけそうな言葉なのは確かです。

だから僕の知人には、漢字で書くとき「頑張る」とせず、あえて「顔晴る」という言葉を使うようにしている人がいます。

つまり、「顔を晴れやかにして、がんばろうね」ということ。そんな「がんばる」だったら、プレッシャーより、むしろ楽しい気持ちにすらなりますね。

☆「努力」の意味をはき違えていないか？

こんなふうに、「言葉を置き換えてみる」ということは、とても大事なことです。**自分の努力が正しいものなのか、間違っているのかが、ハッキリ見えてきますから。**

たとえば僕自身は、「がんばること」も「努力すること」も、とても素晴らしいことだと思っています。努力するからこそ、人は自分の限界を越えて、次のステージへ進んでいくことができます。

でも、それらが「つらいこと」になってしまうのは、「がんばり」や「努力」が「我慢」とか「試練」とか、そんな言葉と一緒になっているからでしょう。

ただ考えてほしいのは、たとえばオリンピックを目指しているマラソン選手が、毎日の練習を「我慢」とか「試練」と思ってやっているのかどうか？

そんなメンタルだったら、長くは続きませんよね。

誰しも我慢して、努力なんてしていないはずです。

あなたにも、経験があるのではありませんか？

たとえば「取引先に提出する資料をつくろう」などとパソコンに向き合っている。ネットで調べものをしたり、文章を直したり、「こうかな」「いや、こう書いたほうがいいかな」と試行錯誤して、作業にのめり込んでいる。

「やった、完成した！」と思ってまわりを見たら、もう就業時間を過ぎ、すっかり暗くなっていた……。

振り返ってみれば、間違いなく「努力」はしているのです。

でも、そんなことはまったく意識しないし、何かを我慢しているなんて、とんでもない。

何か「やりたい」とか、「ワクワクする」という気持ちがあって、ひたすら身体が動く状態を、僕らは「努力」と呼んでいるだけのことなのです。

「たかが」をつけると、心の荷物が軽くなる

何か「努力」が必要な、難しい問題に遭遇したとき。

それは、自分が掲げている何らかの目標に関することかもしれないし、仕事のことかもしれないし、あるいは人間関係のことかもしれません。

このときに「我慢しなきゃ」とか「耐えなきゃ」とか、そういう言霊を使ってはいけないし、頭でも思い浮かべないようにしてほしいのです。

代わりに、**「いい経験ができそうだ。ありがとう」**と、あえて感謝の言霊を口にしてみましょう。

あなたのまわりで起こることは、すべては神様が用意してくれていること。

一見つらそうに見えたとしても、それを乗り越えたとき、あなたが何倍も輝くことをわかっているから、プレゼントとして与えられているのです。

だとしたら、ただそれに感謝しましょう。

そうやって言葉にしてしまえば、後は「ありがとう」のパワーで乗り切ることができます。

あなたが今、どんな問題に挑んでいたとしても、「我慢だ」とか「つらい」といった、暗くてネガティブな気持ちに支配されることなく、ひたすら目の前のことに対処する。気づいたら、晴れやかな顔で問題を乗り切っている……。

課題の乗り越え方としては、それが理想的ですよね。

その後で「よく乗り越えたな、自分、すごいぞ!」といって、自分の「努力」を誉めてあげましょう。

☆どんなトラブルも、しょせん〝些細〟なこと

もう一つ僕がすすめているのは、**つらいことには、何でも「たかが」という文句をつけてしまうこと。**

これもかなり効果のある言霊です。

「たかが失敗！」
「たかが失恋！」
「たかが借金！」

こうして口にしてしまえば、本当に起こったことが「大したことではない」ように感じられてきませんか？

どんな問題も、長い人生から見れば、瞬間的な通過点でしかない。魂が輪廻《りんね》転《てん》生《せい》する大きなサイクルから見れば、「些《さ》細《さい》なこと」でしかないのです。

そんなことに感情を左右されたり、怒りでエネルギーを奪われたり、くよくよして時間を無駄にしたりするのは、もったいないではありませんか。

僕自身、動揺することがあると、「些細なことじゃないか」と受け止めることで自分を落ち着かせています。

あなたも自分の魂がつまらないことで傷つかないよう、自分に言霊を投げかけて、常にケアするようにしてください。

〝座学〟のうちは、まだまだです

言霊を効果的に使うには、やはり言葉について、日頃から勉強していく必要があると思います。

たとえば映画の感想をツイッターなどでシェアするときでも、ただ「面白かった」とだけいうより、「こういうときに、ぜひ観てもらいたい」とか「心をこんなふうにしてくれる」など、気のきいた表現にしたほうが、他人には伝わりやすいですよね。

だから、どんな言葉がより伝わりやすいのか、そして人を喜ばせるのか、毎日のように勉強していかなくてはならない……。

でも、「勉強」といっても、これは本を読むような類いの勉強ではありません。

日々の経験の中で行動しながら、「言霊の力」を高めていくべきなのです。

☆空海が、頑として仏書を人に貸さなかったわけ

僕が尊敬している歴史上のお坊さんに、真言宗を創始した空海《くうかい》さんがいます。
彼は平安時代に中国で密教を学んだのですが、その根本の教えはインドのヨーガにも通じています。「真言」というのは、一種の「オマジナイ」ですから、まさに「言霊のパワー」をよく理解していたのですね。

その空海さんは、ものすごい読書家で、中国語で書かれている仏書を、若い頃から大量に読み込んでいました。でも、決して読書を重視していたわけではありません。それよりも**「実践を通して学ぶこと」を重視しました。**

だから、彼の大先輩である最澄《さいちょう》さんから「密教の貴重な本を貸してほしい」といわれたとき、空海さんは、生意気を承知で断ったのです。

「この本を読むだけで、理解できることは何もありません。それよりも実践の中で、人々を導くことを重視してください」

そう、空海さんはいいたかったのだと思います。

☆「経験」があってこそ、「知識」を生かせる

僕が思うのは、**どんな本も経験があってこそ、その内容を理解できる**ということ。知識を頭に詰めるだけでは、何のプラスにもなりません。

少し厳しいようですが、いくら本を読んで「この言葉、いいな」と思っても、ただ記憶しているだけでは強力な言霊にはならないのです。

実際に口に出して言葉を使い、相手の反応を見て、そのやり取りをコツコツ積み重ねていくことで、初めて言霊のパワーは自分のものとなるのです。

ですから読者の皆さんにお伝えしたいのは、コミュニケーションの経験値を増やしましょう、ということ。

別にこれは、「会話上手になれ」ということではありません。

できるだけたくさんの人に出会い、ほんのわずかでも、「楽しい言葉」や「いい気持ちにさせる言葉」を使うよう心がけて、周囲にプラスのエネルギーを注いでいくことが重要なのです。

4章

「見えない力」に応援してもらう方法

──あなたの中の「負けない力」の引き出し方

「それはなぜ？」――尋ねる勇気を持つと、一皮むける

二〇〇〇年前にインドで書かれたヨーガの教え、『ヨーガ・スートラ』を現代風にした『インテグラル・ヨーガ』という本があります。

僕はこの本を「座右の書」として、人生の指針にしています。

その中にこんなエピソードがあります。

それはサマディ、すなわち仏教でいう〝解脱〟や〝悟り〟を得るために修行している、ある師匠と弟子の話です。

あるとき師匠は、弟子たちにこんなことをいいました。

「君たちは、師匠である私を尊敬してくれているのだと思う。だとすると、当然、私が尊敬する神様も崇拝しているのかな？」

弟子たちは皆、口をそろえて「もちろんです！」と答えます。

そこで師匠はいいました。

「そうか、それはよかった。実は私の神様は、こうおっしゃった。

『これから一日に五回はウソをつきなさい』と。

皆もこれを実践してくれるかな？」

「……えっ？」

弟子たちは皆、悩んでしまいました。

師匠の教えだし、神様がいうのだから、「ウソをつけ」という教えは、正しいのかもしれない。

でも、これまではずっと「ウソをつくのはいけない」と教えられてきたし、皆でウソをつき合って、それで幸せになれるとは思えない。

一体、僕らはどうしたらいいんだろう……。

あなたなら、この師匠の問いにどう答えますか？

☆相手が誰でも疑問に思ったら「問いただす」

師匠は、悩む弟子たちに伝えます。

「『ウソをつくことによって、私たちに一体どんな効果があって、どんなふうに私たちの徳が磨かれるのですか？』と、その根拠を尋ねなさい。そのとき私が根拠を示すことができなければ、私がどこかで間違っている。

だから、人やモノを頭から信じて妄信的に縋《すが》ってはならない。どこかおかしいと感じたなら、どんな聖典でも経典でもよいので調べてみる。

疑問に思うことは問いただす。その行為が、真理へと人を導くのだ」と。

このエピソードはまさに、言霊の力の重要性を示しているように感じられます。

人はこの世界で、いろんな言霊に影響され、ときには運命さえ、それに左右されてしまいます。

でも、これまで述べてきたように、言霊というのは、人が心や魂にそれを受け入れて、初めて効果を発揮するものです。

逆にいうと、言霊の効果は相手が望んでいるものでなく、受け入れる自分が決めているということ。

先に「二〇：六〇：二〇」の法則で述べたように、人は誤解や勝手な解釈で、自分自身の魂を傷つけていることが多いのです。

そうならないように、誤った方向へ向かう言霊のエネルギーは、やはり言霊のエネルギーで、正しい方向修正をしていかなくてはいけない。

それが人と人との、「コミュニケーション」ということなのです。

起こることも、タイミングも、「すべてベスト」なのです

あなたのまわりにはたくさんの人がいて、その中には好きな人もいれば、嫌いな人もいるでしょう。

でも、神様がつくった世の中の仕組みからすれば、**すべての出会いは必然で、お互いのために神様が用意されたプレゼント**です。

ですから、その結果生じることは「すべてベスト」。そこに偶然はありません。たとえば、不倫。批判を承知でいってしまえば、僕は不倫さえ、ただ「悪いこと」とは考えていません。

実際、不倫で悩んでいる女性が、ときどき私のところに相談に訪れます。

「いけないことはわかっています。別れようとは思っているのですが、どうしても踏ん切りがつかなくて……」

そして、たいてい皆さんこうおっしゃいます。

「もっと早く、彼と出会っていたらよかったのに」

こんなとき、僕はこう答えることにしています。

『遅すぎる出会い』なんてものは、この世に存在しませんよ。

たとえば、あなたが今の彼ともっと早く出会っていたとして、あなたは今と同じように彼を愛することができたでしょうか？

彼もまた、今のように魅力的な男性だったでしょうか？

お互いが、様々な選択を自分の力で乗り越え、学び、成長してきたからこそ、今、同じような感受性を分かち合える関係になれたのではないですか？」

そうなのです。もし、彼女が願い通り、その彼にもっと早く出会っていたとしても、間違いなく恋愛関係には発展しないのです。

二人は、出会うべきタイミングで出会ったのですし、お互いの成長のためには、必要な出会いだったのです。

こう聞くと、「遅すぎる出会い」なんてものはないと僕がいう理由が、ご理解いただけましたか？

☆もし、誰かから愛する人を奪ったとしても

このような、不倫をして悩んでいる相談者にとって必要なのは、その出会いが、自分にとってどんな意味があるのか。自分はこの先の人生で、どう成長したいのか。すべてを見極めてから、**「自分はどうなりたいか」ということを相手に言霊として伝えること**です。

その結果、別れたとしても、あるいは誰かから愛する人を奪ったとしても、自分が家庭を裏切ったとしても、それは必然として、そうなっただけのこと。

もちろん、いずれにせよ多くの人を傷つけることが予想されます。お子さんだっているのかもしれない。

しかし、子どもは常に親を選んで生まれてくるといいます。そもそも、愛のない関係には、何の成長もありませんから、ひょっとしたら、そのような環境下に

子どもを縛り付けておくことのほうが、罪深いのかもしれない。

何がその人にとって幸せなのかは、当事者以外にはわからないことです。

今、有名人の不倫をバッシングする人は多いですし、それは間違ってはいないのですが、憎む対象を間違っている人が多いと僕は思っています。

本当に憎むべきは、「不倫」という言葉ではなく、愛していないパートナー、または愛せないパートナーと別れる勇気もなく、惰性《だせい》で関係を続けながら、同時に好意を持ってくれた相手の人生をもてあそぶ人間の「心の弱さ」ではないでしょうか。


繰り返しますが、人は、コミュニケーションを通して、互いに魂を高め合っています。それぞれの魂の成長のためにも、自分の気持ちを言葉にして相手に伝えることを、あきらめないでください。

誰よりも相手を愛おしく思う心こそが「愛」と呼べるのです。

それを大切にすることは、**他人からの批判や、社会のモラルを気にすることよりも、人としてずっと大切なこと**だと思います。

他人の気持ちを勝手に「想像しない」

大手コーヒーチェーン店のドリンクで、ときどき店員さんが、カップにイラストを描いてくれるサービスがあるそうです。「カップアート」ということで、インスタグラムなどでよく紹介されるとか。

以前、このイラストを書いてくれるのが、一店員さんから見てイケている人に限られる」というウワサがありました。自分は描いてもらったことがない人が、「自分はダサいのかな」と落ち込んでいます。

ところが、友人があるとき、「描いてもらいました」と写真をSNSに投稿していました。その人はちょっとうらやましくなり、友人にいいました。

「いいね、そんな可愛いの描いてもらって！」

すると友人はこう答えました。

「頼んだら、すぐ描いてくれたよ」

ああ、頼めばいいんだ……。

☆頼むことは「縁をつなぐ」ことでもある

このようなケースは、おそらくインドではまず起こらないと思います。

私は住んでいたことがあるからよくわかりますが、インドでは一人のお客さんが描いてもらったら、すぐさま「私にも描いて！」「オレも、オレも！」と、店員さんのところに皆が押しかけていくからです。

それでもし断られたとしても「フーン、そっか」くらいのものでしょう。非常にあっさりしていて、シンプルな人が多いのです。

一方、日本人は相手の意図を勝手に想像して、自分で自分を傷つけていることが多いのです。別の言い方をすれば、とても気配りができるということで、それは美徳でもあるのですが……。

そんな人に、僕は**「相手の考えを勝手に想像しない」**ことをおすすめします。

確かに、「人からどう思われているか」というのは、対人関係の大きな不安の一つですが、ハッキリいってしまえば、いくら考えても「わからないこと」。いくら悩んでも仕方がないではありませんか。

それに、人の気持ちは案外コロコロと変わります。

今まであなたのことを好いていたからといって、その気持ちがこれからも続く保証はありませんし、その逆もまたしかりです。

ですから、あまり気にしないことが一番なのです。

また、人に頼むことが苦手な人は、多くの場合、「断られること」を心配しているのだと思います。

自分が否定されているようで、必要以上に落ち込んでしまうのでしょう。

「それなら最初から、頼まなければいいな」と……。

でも、**何かを頼むか、頼まないかというのも、やっぱり「縁」なのです。**

もし断られたとしても、別のタイミングで頼めばＯＫしてくれるかもしれないし、むしろ他の人に頼んだ結果、より素晴らしいことが起こるかもしれない。

あるいは、それは「自分でやったほうがいいよ」と神様が示唆《しさ》している〝サイン〟なのかもしれません。

だから、断った相手を恨む必要はありませんし、断られた自分を恥じることもない。ただ、「今回は断られた」というだけの話。余計な感情や判断を、そこに持ち込んではいけません。

それなら、**頼みたいことがあれば、遠慮せずバシバシ頼んでみればいいのではないでしょうか。**

頼まれたほうは、今回は時間がなくて断ったとしても、「自分のことを頼ってくれているんだな」と、うれしく思っているかもしれません。

これもやはり、お互いの魂レベルを高める「言霊」の一つなのです。

☆「会って話す」と書いて「会話」

また、口頭で頼むのが面倒くさいからと、最近は頼みごとをするとき、メールだったり、ＬＩＮＥだったりということが多くなっています。

もちろん、それがいけないわけではありませんが、本当に相手にお願いしたいなら、僕は**ちゃんと自分の言葉で伝えたほうがいい**と思います。

「会って話す」と書いて「会話」と読むくらいですから、ベストなのは、実際に顔を合わせて、直接、自分の言葉で伝えることでしょうね。

便利な時代だからこそ、**大切な人とのやり取りは、直接、顔を合わせる努力をする、ということを疎《おろそ》かにしてはいけない**と思うのです。

もちろん、遠方であれば電話でもいいし、場合によってはお手紙でもいいでしょう。

少なくなってきましたが、出版社のベテランの編集者の中には、作家に執筆を依頼するとき、いまだに手書きの手紙を送る人がいるそうです。

若い世代の人は驚くかもしれませんが、意外に「心がこもっている」と喜ぶ人もいるようですよ。

神様は、「私は○○します」といい切る人が好き

「遠慮せずバシバシ頼み事をしていい」というのは、人に対してだけではありません。**実はこれ、神様に対しても同じ**なのです。

日本人は古来から神様とともに生きてきた民族であり、神様はいつも僕らを見守ってくれる優しい存在でした。

貴族や戦国大名から一般民衆まで、あらゆる人が「困ったときの神頼み」をしてきたことは、歴史をひもとけばよくわかります。

だから悩んでしまって、どうにも解決の術《すべ》がない。それでいて、まわりを見ても誰に頼っていいかわからない……という場合には、ぜひ、神社や仏閣に足を運んでみることをおすすめします。

ただ、神様によって頼み方の違いもあれば、できればあまり頼らないほうがい

い神様もいますので、ここでご説明しましょう。

願い事を何でも頼んでいい神様というのは、神社ではなく、お寺にいる神様。「仏教のお寺にいる神様」というと不思議に思われるかもしれませんが、実際、僕が信仰しているシヴァ神、つまり不動明王や大黒様は、たいていお寺にいらっしゃいます。

「〇〇不動」として呼ばれる施設は、ほとんどが正式には「〇〇寺」という寺院になっているでしょう。

要するに、これらの神様は、人々の願いをかなえてもらうために、空海などのお坊さんが、わざわざ日本にお招きしたのが起源です。

そもそもが祈願目的で日本にいらっしゃった神様なのですから、僕たちが頼み事をしても、まったく構いません。

実際にかなえてくれるかどうかはともかくとして、遠慮する必要はまったくないのです。

☆「頼み事をする仏閣」と「誓いを立てる神社」

一方で神社というのは、基本的には「願い事」をする場所ではありません。

古代から行なわれてきたのは、「誓いを立てる」ということです。

たとえば神前の結婚式。祝詞《のりと》をあげてもらいますが、あれも「この人と一生を添い遂げます」と、誓いを立てるのが本来の趣旨。

武士たちが戦に行く前に神に祈りを捧げたのも、「勝たせてください」ではなく、「勝つので応援してください」というのが、本来的には正しいのです。


ですから、何かかなえたい目標があるとき、人が神社にお参りに行くのは間違いではありませんが、少し注意が必要。

ただ、たとえば「お給料が上がりますように」とお参りするのは、あまり正しいあり方ではないと思います。誓いを立てるのですから、「〜ように」という言葉はあまりふさわしくありません。

神社でお参りする際に、基本となる言葉は**「私は〇〇します」**でしょう。**ちょっと思い切って「いい切る」のです。**

たとえば、「私は結婚します。そして、必ず幸せになります」と神様の前で宣言するのが正しいやり方なのです。

とにかく「願いを口にして外に出す」ことが大事。その言霊は、神様だけでなく、自分自身の耳にも届いていますからね。

でも、相手もいないのに？

それは問題ありません。「結婚する」と誓い、神様が「じゃあ応援してやるか」という気になれば、出会いを演出してくれるところから神様は助けてくれます。これは商売繁盛だろうが、家内安全だろうが、あるいは合格祈願や安産祈願だろうが同じこと。

ただ、神様に「じゃあ応援してやるか」という気にさせるプラスアルファが必要になります。実はここにも、人間同士のコミュニケーションとまったく同じ理屈が働いているのです。

次項からご紹介していきましょう。

「自分さえよければ」から抜け出すと、マジカルに願いがかなない出す

人がお参りをするのは「神様とコミュニケーションを取る」ということで、これは人間同士のコミュニケーションと変わらない。

一体どういうことでしょうか？

思い出してください。言霊のパワーで、誰かの魂を強く惹きつけるのは、どんな言葉を使ったときだったでしょう？

それは、「楽しい」とか「うれしい」とか「感動した」という、「自分もそういう気持ちになりたい！」という思いを引き出す言葉でしたね。

つまり、**神様だって「楽しい」とか「うれしい」とか「感動した」という気持ちになる言葉を求めているの**です。

では、神様がそういう気持ちになるのは、どんなときでしょう？

神様がこの世の中をつくり、それを維持している存在だとすれば、当然、世の中をよくするような〝誓い〟であれば、うれしく思うことが想像できます。

☆「自分のため」だけで終わらせないのがポイント

といっても、大げさに考えないでくださいね。

これは別に、「自身の欲望を捨てて、世のため人のために尽くせ」とか、「聖人になりなさい」ということではないのです。

たとえば「素敵な人と結婚したい」という願いを持っているとしましょう。

それなら、次のように〝誓って〟みる。

「私は素敵なパートナーを見つけ、素晴らしい家族をつくります。そして素晴らしい子どもたちを授かり、未来永劫《えいごう》、この世界をよりよくしていきます。ですからどうか、応援してください」

あなたの願いが「お金持ちになりたい」であれば、こんなふうに誓う。

「私はもっともっと収入を増やし、そのお金を元手にして、たくさんの人が幸せになるようなことをしていきます。そのために、まずは目の前の仕事を成功させます」

そうした誓いであれば、神様も「なるほど、それならコイツの願いをかなえてやりたいな」と身を乗り出してくれるとは思いませんか？

☆黒戌流・神社でのお参りの作法

ちなみに、僕が神様の前で誓うのは、もっぱら自分と家族の健康のことです。

もちろん毎回必ず、神社参拝の基本である二礼二拍手一礼をしています。

順序をご説明すると、お参りの際、二礼二拍手の後、こう誓うのです。

「僕はこれからも、たくさんの人を救っていきたいと思っています。どうか、皆さんを救えるだけの健康を与えてください」

それから、一礼をして終了です。

そして、これは僕なりのお参りの作法なのですが、誓いの言葉の前に、**必ず自分の名前と住所と干支《えと》を、神様に伝えることにしています。**

皆さんも聞いたことがあると思いますが、神社で祝詞を上げるとき、神主さんも、その人の名前と住所を読み上げていますよ。

なぜ住所を伝えるかというと、そうしておくと、**その神社の神様が、僕たちの氏神様《うじがみ》とコンタクトを取って、連携して見守ってくださる**から。

面白いと思った方は、ぜひ、お参りの際の参考にしてみてください。

ちなみに、僕自身は仏閣よりも神社にお参りするのが好きです。

神様に願いをかなえてもらうというイメージの強い仏閣より、誓いを立てて自力で願いをかなえる神社のほうが、自分の生き方には合っていると思うからです。

もちろん、これは神社と仏閣、どちらがより優れているという話ではありません。ただの性質の違いです。

その人によって「神社のほうがしっくりくる」「仏閣のほうが何となく落ち着く」など、向き不向きがあるようです。

ご自分でそれぞれに参拝をしてみて、より相性がいいと感じられるほうに行かれるのがよいと思います。

「おみくじ」というメッセージを、どう解釈する？

お参りについて述べてきましたので、神社や仏閣でのお楽しみの一つでもある「おみくじ」との付き合い方についてもご紹介しておきましょう。

おみくじは、まさに**「神様からあなたに直接、届けられる言葉」**です。

神様は、絶えずあなたにサインを送ってきているのですが、ハッキリとした言葉という形でメッセージがもたらされることはまれですので、おみくじは絶好のチャンスなのです。

ぜひ、どんどんおみくじを引いてください。参拝のたびに毎回引いたって、構わないと思います。

ただし、おみくじを引いた際、注意してほしいのは「大吉」「中吉」といった吉凶《きっきょう》ではありません。

これに一喜一憂する人が多いのですが、実は、吉凶はさほど重要ではない。

また、おみくじにはたいてい、勉強や金運、仕事、健康などといった細々《こまごま》とした生活全般についての指針が書かれていますが、これもそれほど重視しなくてよいです。

それよりも、**おみくじに書いてある「神様からの言葉」を重視してほしい。**

わかりやすく現代語で書いてあるところもあれば、和歌の形で書いてあるところもありますね。これこそが、まぎれもなく「神様の言葉」なのです。

☆「三カ月に一回」神社にお参りするのはなぜ？

何か答えを出せないで悩んでいることがあったとしたら、参拝したときに神様に心の中で相談してみて、その後でおみくじを引いてみるといいでしょう。

不思議と、その悩みに答えるような言葉が書いてあって、驚かれることと思います。なぜか、**引いたおみくじに、相談したことへの答えが書いてある**のです。

また、おみくじは、初もうでのときの年一回しか引かない、という方もいるようですが、僕は一年に何度も引いていいと思います。

ただし、一カ月に一回というようなハイペースでおみくじを引いても、出てくる言葉にあまり変化はないと思います。僕も実際にやってみましたが、月に一回ペースでは、不思議と出てくるおみくじの内容には変化がないのです。

経験的にベストだと思うのは、**「三カ月に一度」の周期**です。

たとえば、三月、六月、九月、一二月には、どこか寺社仏閣に参拝して、おみくじを引くと決める。

すると、一年を通して、自分の努力の方向性が間違っていないか、コンスタントに神様に問いかけ、確認することができますよ。

☆おみくじを木の枝に結んで帰るのはNG!?

よくないおみくじが出たから、境内《けいだい》にある樹木に結んでおこう――。

あなたにも心当たりがあるかもしれませんが、僕は「おみくじを結ぶ」という行為にはあまり賛成しません。

まず、生きている樹木の枝におみくじを結んだら、その樹木が傷《いた》んでしまいます。かわいそうですよね（ご神木の根元に小銭を置く人もいますが、僕はこれもご神木が傷んでしまうので、あまり感心できない行為だと思います）。

それに、おみくじは神様から直接いただいた言葉なんですよ。すぐに手放してしまうなんて、神様に対して失礼です。たとえ「凶」が出ても、それを戒《いまし》めとして持っておくべきだと思います。

とはいえ、大吉が出たから、お財布に入れてずっと持ち歩いていて、気づけば何年も経過……。これも、よいおみくじとの付き合い方ではありません。

ベストなのは、引いたおみくじは財布やバッグに入れて大切に持ち帰り、自分への戒めとすること。

そして、次に参拝したときに、古くなったお札などが置いてある場所や、おみくじを結ぶために設置されている柵に結んで、また新しく引くのです。そして、そこに書かれている言葉をしっかりと読んで、今の自分への戒めだと受け止める。

これを三カ月に一回のペースで続けることが、神様の言葉、おみくじとのベストな付き合い方だと思います。

声に出して誓うたびに「かなえる力」は高まっていく

あなたは、神社の本殿の中に何があるか、想像してみたことはありますか？ そういえば、仏像のようなものがない、と気づくはず。では、代わりに何がありますか？

そう、鏡です。

神社がなぜ誓いを立てる場所なのか？ その理由は、手を合わせている自分自身を映す鏡が、祈るあなたの目の前にあることで理解できます。

まさか、自分自身にお願いをする人はいないでしょう？

鏡とは、ひらがなで「かがみ」と書きます。

真ん中の「が（我）」を抜くと「かみ（神）」となります。つまり、**神はあなた自身の中に存在していると、古来より日本の神は伝えている**のですですから神様の力を借りなかったとしても、願ったり、誓ったりするたびに、あなたの中にある「願いをかなえる力」は高まっていきます。

そのためには心の中で唱えるのでなく、**願いや誓いは、小さな声で構いませんから、必ず声に出していったほうがいいでしょう。**

これは神社や仏閣のような場所だけでなく、家でも同じなのです。

自分の部屋で寝る前などに、神様に対して願い事をする。あるいは誓いを立てる。

このときあなたは、自分の言霊を自分の魂に送っているのです。そして、**あなたの魂の中には、神様が確かに存在しています。**だから繰り返していけば、遅かれ早かれ、それは必ず実現していくはず。後はタイミングと、あなたが自分自身の言葉や力を、どれだけ信じられるかの問題なのです。

☆「お稲荷さん」の意外な意味

お参りついでに一つだけ加えると、神社などに行ったとき、よく境内の隅に小さなお稲荷《いなり》さんがあるのを見かけます。

稲荷は人間の持つ「欲望」をかなえる速度が速いため、古くから一般市民の間で人気を集めました。田舎の大きな商家の庭先に、よく稲荷が祀《まつ》られているのは、そうした理由からです。

何を信仰するかは人それぞれですから、僕はこれを否定するわけではありません。ただ、この「稲荷」は、諸刃《もろは》の剣の要素を強く持ち合わせています。

というのも、前述したように、神社は「誓い」を立てるところですから、神様は人間の邪《よこしま》な願いはあまり聞き入れてくれません。

それでも、昔の人はどうにかして願いをかなえてほしいから、手近にいる動物霊に祈ることがあったのです。

動物霊というのは、人間の欲望をかなえることに抵抗がありません。ただし、無償の愛でわれわれを静かに見守っている神とは違い、動物霊は必ず、何らかの見返りを求めてきます。願いがかなったのにもかかわらず、その稲荷への信仰を疎かにしたりすると、大きなしっぺ返しが待っているのです。

ですから、稲荷に祈願をするのは大いに結構なのですが、気をつけてほしいことがあります。

まずはメインの神様にちゃんと誓いを立てること。そして、もし**稲荷にも祈願をしたのであれば、成就した後は必ずお礼参りに行くこと。**

稲荷が本殿の隅に添えつけられてあったりするのは、そういった理由からでもあるのです。

たまに大きなビルの隅、または屋上などに稲荷の祠《ほこら》があったりしますが、その理由の多くは、その場所のご先祖が願いをかなえてもらい、その代償として祠を建てて祀ってあげたというケース。いわば、ギブ&テイクの関係ですね。

こうした祠を、区画整理や人間の身勝手な理由で撤去して、禍《わざわ》いが起こることはよくあります。

稲荷は、神のような無償の愛で人間を見ているわけではありません。神よりもむしろ人間に近い存在ですから、大切にされればうれしいし、ないがしろにされたら、やはり怒るのです。

だから、神様もそうですが、稲荷を信仰する際には、一方通行ではなく、必ず感謝の心を忘れないようにしましょう。

5章

「7つの声」「7つのタイプ」別 可能性を大きく開くヒント

——古代インドで生まれた「チャクラ」が教えてくれること

「名前」には、特別なパワーが秘められている

本章では、古くからのヨガの教えをもとに、言霊の力の根本にある「声」と「音」と「身体」について考えてみます。

まず一般的な科学で考えても、「声」というのは、声帯や口から発せられた音が空気を振動させ、耳にまで伝わって鼓膜を振動させるから、相手に聞こえるのです。当然、ここには物理的なエネルギーが加わっています。

文字ができるずっと前から、「言葉」は、こうした音のエネルギーとともにあったのです。だからこそ人はそこに驚異を感じ、神聖なものと考えてきました。

「はじめに言葉があった。言葉は神とともにあった。言葉は神であった」

これは「ヨハネの福音書」の第一章第一節に書かれている言葉。つまり、『新約聖書』に書かれている言葉なのです。

☆相手の「名前を知る」ことで、何が起こるか？

僕たちは今でこそ、「○○さん」と気軽に名前を呼び合っていますが、昔はまったく違いました。

たとえばネイティブアメリカンの世界では、物心ついたら親が子どもに名前を教えますが、その名前は「決して誰にもいってはいけない」というルールになっていました。

アニメ映画『千と千尋の神隠し』では、「千尋」という少女が魔女に本名を奪われ、「千」と呼ばれることによって、魔女から支配されましたね。これは、ネイティブアメリカンとまったく同じ考え方です。

どちらも、根底には、**「本名を呼ばれると、相手に心を支配されてしまう」**という考え方があるのです。

ですからネイティブアメリカンは、「偉大なるタカ」とか「大いなる山」などといった、ニックネームのようなもので相手を呼び合っていました。

この考え方はめずらしいものではなく、東洋にも西洋にもあります。

日本にもあります。たとえば武士は、「織田信長」のような正式名を言葉にすることを忌《い》み嫌って、通常は使いません。

ですから普段は、「お館《やかた》さま」とか「上総介《かずさのすけ》」といった、敬称や役職名で呼ばれるのが普通だったのです。

キリスト教圏でも、「エクソシスト」という悪魔払いの人たちは、人に憑《つ》いた悪魔の名前を必死に聞き出そうとします。これもやはり、名前を呼ぶことで悪魔を支配できると考えているからなのです。

「最も神聖でパワーの出る音」とは？

「声」や「音」を神聖なものとみなすとして、では、この世の中で最も神聖な音とは、どんなものでしょうか？

古代インドでは、その音を「ＡＵＭ（アウム）」と表現しています。

日本では、過去にオウム真理教が教団名にこの音を採用しましたから、ネガティブなイメージでとらえられがちです。

でもインドでは、現在もこの音は神聖視されており、その言葉を示すサンスクリット語が街のいたるところにあります。

そもそも日本でも、「阿吽《あうん》の呼吸」の「あうん」が、この「アウム」。

神社の狛犬《こまいぬ》やお寺の金剛力士像も、片方が「阿」で、もう片方が「吽」と定義されているでしょう。

これも神聖な言葉を二つに分けて、神聖な領域を守るようにしているのです。

ちなみに、キリスト教で唱えられる誓いの文句は、「アーメン」ですね。

これはヘブライ語で「その通りです」といった意味ですが、やはりこの音も、本来は最も神聖な音である「アウム」に由来しているのではないかと僕は考えています。


この「アウム」という音を、ぜひ声に出していってみてほしいのです。

なんだか力がわき出てくるような気がしませんか？

それもそのはず、「ア・ウ・ム」と発音するとき、まず口を大きく開け、口角を上げなければいけません。

それはほとんど「笑う」状態に等しい筋肉の使い方ですから、楽しくさせるような心理作用が働きます。

同時に、強く「ア・ウ・ム」というとき、人はおヘソの下の辺《あた》りに力を入れ、お腹から息を吐き出さなければいけません。

「おヘソの下の辺り」というのは、東洋医学でもよくいわれる「丹田《たんでん》」という部分です。人の身体は、ここに力を入れると気力があふれ、やる気がわき出てくるようにできています。

同時に「お腹から息を吐き出す」というのは、いわゆる「腹式呼吸」ですね。心を落ち着かせる効果があり、健康法としても知られるものです。

「丹田に力を込めて、お腹から息を吐き出す」というのは、まさに坐禅を組むときに、日本のお坊さんがやっていること。

この呼吸に集中することで、悟りの境地に到達していく、と禅宗では考えられてきました。

☆「言葉を出すこと」はすなわち「息を出すこと」

「はじめに」でも述べたように、「息」とは「自（分）の心」と書きますが、**言葉を出すこと自体も、本来は「息を出すこと」です。**

そして「アウム」という音を出すとき、人は最もパワーを出せる。

言霊とはこのように、身体と密接に結び付いて、大きなエネルギーを生み出すのです。

ならば、こうした身体から出す声の効果を、もっと自分の生活に活かせないか？　と僕は考えました。

単純な話、朝、へその下に力を入れて、思いっ切りお腹の底から、ゆっくりと「アウム」と声を出すだけでも、自分のモチベーションを高め、同時に、身体の調子を整える効果はあります。

ただ、古代インドのヨーガでは、さらに「声の言霊」を日常生活に生かす方法を追求してきました。

そして生まれたのが、「チャクラ」という考え方です。

「チャクラ」の知識で、持てる能力を引き出そう

「チャクラ」とは、身体を七つのツボに分け、そこにこもる「氣」のエネルギーを生かすという考え方です。

一見、非科学的に思えるかもしれませんが、その教えは東洋医学の根幹となり、現代の西洋医学でも、一部取り入れているお医者さんがいます。五〇〇〇年に及ぶ歴史の中で、経験を経てつくられてきた実績のある医学体系なのです。そのチャクラで定義される、身体の七つのツボをご紹介します。

①ムーラダーナ……性器と肛門の間
②スワディスターナ……へその下（丹田）。女性は子宮あたり
③マニプラ……胃
④アナハタ……胸

⑤ヴィシュッダ……喉
⑥アジュナ……眉間《みけん》
⑦サハスラーラ……頭のてっぺん

さらにこれらのチャクラには、それぞれ「色」と、その部位が司るものが定義されています。この色は、見る人が見れば、オーラのように身体から放出しているのを観察することができます。

①ムーラダーナ……赤［感覚］
②スワディスターナ……オレンジ［関心］
③マニプラ……黄［感情］
④アナハタ……緑［つながり］
⑤ヴィシュッダ……青［言葉］
⑥アジュナ……藍《あい》［霊性］
⑦サハスラーラ……紫［悟り］

「7つの音」を声に出して唱えてみると、何が起こる？

そこでいよいよ言霊が関わる話になってきますが、このチャクラには「色」だけでなく、実は「音」も当てはめられています。すべて声で唱えることのできる、非常に神聖な音です。

この発声法は、インド式とチベット式があるのですが、日本人は「L」と「R」の発音の差別化が得意ではないので、僕のレッスンではチベット式を採用しています。インド式の発声も（　）内に記載しておきますので、お好きなほうで、ぜひ声に出してみてください。

①ムーラダーナ……ムー（LAM）
②スワディスターナ……ウー（VAN）

③マニプラ……オー（RAM）
④アナハタ……アー（YAN）
⑤ヴィシュッダ……エー（HAN）
⑥アジュナ……イー（AUM）
⑦サハスラーラ……ンー（なし）

合わせると、「ムーウーオーアーエーイーンー」という音になります。

これらを唱えることで、それぞれのチャクラにエネルギーを浸透させ、魂を強くすることができると、考えられているのです。

それはすなわち「気力を高める」ということでもあるし、「健康を維持する」ということでもあるし、「いざという場面に最善の結果を出せる」ということでもあります。

「唱えるだけで運気を上げる」と考えてもいいし、**「願いをかなえるための呪《じゅ》文《もん》」**ととらえてもいいかもしれません。

唱え方としては、音が象徴する自分のチャクラの場所を手で触りながら、そこにエネルギーを込めるようにいうといいでしょう。

少し時間をかけるために、「ウー」「オー」……と、できるだけ一つの音を長く発声するようにしてみてください。すなわち、

①性器の近くに手を添えて「ムー」（ムーラダーナ）↓
②へその下辺りに手を添えて「ウー」（スワディスターナ）↓
③お腹に手を添えて「オー」（マニプラ）↓
④胸に手を添えて「アー」（アナハタ）↓
⑤喉のところに手をやって「エー」（ヴィシュッダ）↓
⑥額に手を添えて「イー」（アジュナ）↓
⑦頭のてっぺんに手を置いて「ンー」（サハスラーラ）

という形で、「ムー、ウー、オー、アー、エー、イー、ンー」というサイクルを繰り返し唱えていきます。自分の部屋で、朝などに順繰りに声を出してみましょう。

小さな声で構いません。それで確実に、強い言霊のエネルギーを身体に注入できるはずです。

ポイントは「ヴィシュッダ」にあたる「エー」と「アジュナ」に当たる「イー」の音で、これを発声する際、心と身体、全てのタイミングが合うと、まるで金属音のような「キーン」という音が重なって聴こえてきます。これを正式には「倍音」と呼びます。古来より「天使の声」といわれ、言霊の力を引き出すものです。修行すれば、全ての音で「倍音」を発声できるようになります。

また「オー」というマニプラの音は、ヒーリングにも使われる、自己治癒能力のある音。よく「ソルフェジオ周波数」などと呼ばれますが、計ると五二八ヘルツで、DNAを修復するという説もあるくらいです。

実際、「オー」とお腹に手を当てて声を出すとき、感覚を研ぎ澄ませれば、かすかに振動しているのが感じられるでしょう。

この震えは、七つのすべての部分で、実際に起こっています。私たちは誰でも、言葉や声に、エネルギーを込めることができるのです。

あなたの人生の目標がわかる、7つのタイプ

七つのチャクラと、それぞれに割り当てられた「音」を説明しました。

51ページでもお話しした通り、私たちは生まれるとき、神様から宿題として、弱い部分を一つ持って生まれてきています。僕はそれを「カルマチャクラ」と呼んでいますが、「カルマ」というのは「業」とか「宿命」という意味ですね。

この〝弱い〟というのは、別に「欠点である」という意味ではありません。「課題にしている」ということです。

僕は、相談者の方に親しみを込めてイメージしてもらいやすいように「宿題」と表現しています。

たとえば「ヴィシュッダ」、すなわち「喉」のチャクラに宿題を持っている人

がいたとしましょう。
「喉」に宿題を持っているということは、多くの場合、しゃべるのが苦手です。でも、司るものが「言葉」ということでもわかるように、**「表現したい」とか「何かを伝えたい」という気持ちを強く持っていることが多い**のです。

そこで宿題の「喉」を鍛えることによって、歌手になることが目標になったり、あるいは〝しゃべる〟ことでなく文章で表現することに努め、作家になっていったりする……。

実際、アーティストの方の鑑定をすると、カルマチャクラが「ヴィシュッダ」であることは非常に多いのです。

このように**自分自身のチャクラがわかれば、自分が目指すべき方向や、努力すべき目標のようなものが見えてくることがあります。**

単にスキルを磨くだけでなく、先の「ムー、ウー、オー、アー、エー、イー、ンー」と唱える際、課題になっているカルマに対しては、より強くエネルギーを注いでいくこともできるでしょう。

自分自身のカルマのタイプは、たとえば「胃が弱い」とか「胆力が足りない」といった身体の傾向でも想像できるし、また各タイプの特徴から近いところを見抜くこともできます。

以下、それぞれのカルマの「キーワード」と、よく見られる特徴を記述してみましょう。

①赤いチャクラ「ムーラダーナ」（性器と肛門の間…感覚）

キーワード……生きる意志、責任感、自立心、競争心、行動力、観察力、リーダーシップ、人生設計、夢、目標

性器のところにカルマチャクラがあるということは、この部分に宿題を持っているということで、生そのものに執着心が強い。いってみれば**「よりよく生きるぞ」とか、「成功したい」という意欲を強く持っている傾向**があります。

だから社長になる人が非常に多いし、弁護士のような法律系のスペシャリストの方にも、ここにカルマチャクラを持っている人が大勢います。

意欲がある半面、人を蹴落としてでも成功しようとする強引さもあり、人の好き嫌いも激しいことが多いですから、このタイプの方は人間関係に注意しなくてはいけません。

ただ、このタイプはしっかりと地に足をつけた生き方を望み、「スピリチュアル」なんて聞くと、「ばかばかしい！　自分の人生、自分の力で生きるものだよ」と思われる方がほとんど。ですから本書を手に取って読む方には、当てはまる方が少ないかもしれませんね。

②オレンジのチャクラ「スワディスターナ」（丹田…関心）

キーワード……勇気、自己発信、チャレンジ、実行力、好奇心、気づき、情熱、経験、ホルモンバランス

合理的な赤いチャクラの人とは対照的に、「こういうの、どうよ？」と新しい挑戦に意欲的なのが、オレンジに属する「スワディスターナ」の人たちです。

「丹田」というモチベーションを司る部分に課題を持っていますから、常に情熱

を持てる何かを探している。

非常に好奇心が旺盛な人々ですから、アイデアを出すような仕事にはもってこいでしょう。

ただ、「丹田に宿題がある」ということは、「モチベーションの維持に課題がある」ということ。

つまり、興味ある対象を見つけたらそこにドーッと情熱を傾けますが、すぐに飽きてしまって、今度は別のことに集中している。熱しやすく冷めやすい、子どもっぽさを持った性格ということもいえるでしょう。

ところどころでいい加減さが目立ったり、物事が中途半端になってしまうことも多いところに、このタイプの人は注意しなければいけません。

③黄色のチャクラ「マニプラ」（胃…感情）

キーワード……喜怒哀楽、決断力、忍耐、継続、ヒーリング、自由、共感、共有、素直、尽くす

「なんでもいいじゃん、楽しければ！」というのが、黄色でくくられるマニプラのタイプの人。

おおらかで自由、子どものまま大人になったような人が多く、「この人がいてくれると、なんか元気になるなあ」というムードメーカーの人は、たいていこのタイプに属します。

喜怒哀楽が激しい人が多いのですが、「楽しい」とか「うれしい」という感情を重視しますから、本書で述べた言霊のエネルギーは、普段から一番発揮しているタイプかもしれません。

だからヒーリングや人を癒やす能力にも長け、カウンセラーや看護師のような仕事には非常に向いています。

「胃」というのは、人が食欲を満足させるところ。つまりマニプラのタイプの人は、「欲望」が人生の課題になっているのです。

これが「人を喜ばせたい」という世の中をプラスにする方向に行けばいいのですが、欲しがり過ぎて投資やギャンブルにはまってしまう人もいます。欲望を我慢できず、食べ過ぎて太ってしまったり、買い物依存症に陥る人も多いようです。

マニプラのタイプの人は、「手放す」ということが苦手。手に入れたものに固執するあまり、それをなかなか捨てることができません。

これはモノももちろんですが、「手に入れた肩書」や「人間関係」、「安定した仕事」なども同様。

バッサリと振り切って新しい道に進む……ということが得意ではありませんから、保守的な生き方に収まってしまう傾向があるのです。

僕はインドでヨーガの師匠に、「世の中にいる人間の、九〇％は胃止まりなんだ」と教えられました。

どういうことかというと、多くの人は「仕事はこうでなければならない」「生活はこうでなければならない」という、世の中がつくっている固定観念を捨てられない。だから、「自分自身が本当に望んでいるものを手に入れられない」ということです。

このタイプの人は、よくいわれる「断捨離」、つまり、人生に必要のないものを捨てていき、もっと「ありのままの自分」と向き合っていくことで、人生がより開けていくでしょう。

④緑のチャクラ「アナハタ」（胸…つながり）

キーワード……無償の愛、思いやり、理解、包容力、慈愛、赦《ゆる》し、譲渡、感謝

「胸」は「ハート」のある場所。つまり愛情を求めるタイプです。

思いやりがあり、まわりとの調和を常に取る。だから営業や、お客様を相手にする仕事（商売など）には大変向いているタイプでしょう。

ただ、ともすると八方美人になりがちで、人間関係に悩むことになります。実をいうと、僕もこの「アナハタ」のタイプの人間です。親に捨てられて孤児院で育ったこともありますが、いつも愛情に飢え、他人にどう思われるかを気にして生きてきました。

胸のカルマチャクラの人は、人との関わりの中で自分を知っていくことが多く、どうしても「自分が本当はどうありたいか」ということが後回しになってしまいます。

「人を愛したい」であるうちはいいのですが、「愛されたい」が強くなると、ど

うしても他人に合わせ、かなわない思いばかりに振り回されてしまうことになります。

ですから、もっと自分のありのままを見つめ、誰が認めなくても、自分自身で自分を認めていくようにしなければいけません。

まず自分自身の思いを言葉にして、人に伝えていくことが胸のカルマチャクラの人にとって重要でしょう。

僕自身もまさにヨガを習い、勉強したことを人に伝えていくことで、自分自身を認めていくことができました。

⑤青のチャクラ「ヴィシュッダ」（喉…言葉）

キーワード……表現力、判断力、説得力、生きがい、コミュニケーション、高い志、浄化、知性、芸術、音楽

すでに述べたように、**青のチャクラの人、ヴィシュッダのタイプに属する方は表現力に優れています。**アーティストであったり、作家のような仕事で成功する

人が大勢います。

ただ、言葉を伝えるのが「課題」になっていることもありますから、自分のいいたいことがうまく伝えられず、悩んでいる人も多くいます。

僕のサロンに来る相談者にも、アナハタの方やマニプラの方に加え、ヴィシュッダの方は非常に大勢いらっしゃるのです。

とにかくこのタイプの方は、積極的に発信することが重要でしょう。

SNSやブログ、それが難しければ、人に公開しない日記からでも構いません。まずは自分の思いを言葉で表現し、持っている強い「言霊の力」を形にしていったらよいと思います。

そうでないと、せっかく人一倍「世の中をよくする強いパワー」を秘めているのに、もったいないですよね。

「喉が課題」であるということから、喘息《ぜんそく》など、このタイプには呼吸に身体的な問題を抱えている方もいます。

ただ医学の世界にも「喉を鍛えるだけで寿命が一〇年延びる」という説はあり、意識してケアすれば、長く健康でいられることも確かです。

先に紹介した「ムー、ウー、オー、アー、エー、イー、ンー」の発声を、とくにこのタイプの方には習慣化していただきたいものです。

⑥藍色のチャクラ「アジュナ」（眉間…霊性）

キーワード……忍耐、集中力、直観力、洞察力、寛容、自己犠牲、人生経験、自己認識、責任感、芸術、世界、瞑想

アジュナのチャクラの人は、脳のある位置が課題ということでもわかるように、**思考することに重きを置くタイプ**です。

だから他人のことはあまり気にせず、「こう」と決めたら、それしか見えなくなってしまう。自分の意見を押し通して、孤立してしまう人も案外といます。

下手をしたら、犯罪に手を染めるような危うい面があるのですが、いい方向に向かえば、聖職者や研究者に向いているタイプでしょう。集中力もありますから、仕事は非常にできる人が多いです。

課題はやはり、広い視野を持つこと。

アジュナの人はまわりの人間に頼らず、一人で全部を背負ってしまい、自分一人で悩み苦しんでしまう人が多いのです。

自分の狭い世界に閉じこもらず、誰かに相談をすること。それはまったくの部外者である、私のような仕事をしている人間でも構いません。

よき師を得ることで飛躍的に伸びる方が多いのですが、いかんせん高いプライドが邪魔をして、人に頭を下げたり、弱音を吐いたりすることが苦手です。意識して誰かに頼るよう、このタイプの方は心がけなければいけません。

⑦紫のチャクラ「サハスラーラ」（頭のてっぺん…悟り）

キーワード……神聖、神秘、統制、無限、乖離《かいり》、解脱

最後は脳天のチャクラ、サハスラーラのタイプですが、読者の方の中にも、このタイプの方はまずいないと思います。

僕も長い間、インドを含めて、様々な人のオーラ、そしてカルマチャクラを見てきましたが、出会うことはめったにありません。

あらゆることを超越していて、神様に近いのがこのタイプなのです。

大僧正《だいそうじょう》であったり、聖人であったりと、特殊な世界でないと出会うことはできないでしょう。もしくは、生まれたての赤ちゃんの中に、このタイプの人を見かけることがあります（とはいえ一時的なもので、ほとんどの場合、成長するにつれて別のタイプに変化していきます）。

「カルマチャクラ」というのは、生まれたときに神様から与えられる、現世での課題です。

でも、このタイプの方は、もう自分がやるべき課題はない。まわりの人に影響を与えるためだけの役割で、この世に生まれてきています。

だから、「比較的、短命な方が多い」ともいわれているのです。

気になるあの人との恋愛相性まで読めてしまう？

七つのカルマチャクラを紹介しましたが、自分自身がどのチャクラに当てはまるか？　あるいは自分が大切にしている人が、どこのチャクラに当てはまるか？　なんとなく、見当をつけることはできたのではないでしょうか。

より精密に突き止めるには鑑定が必要ですが、**「何となく、ここじゃないかな」と見当をつけておくだけでも、まわりの人との付き合い方や、自分自身の選択をする際の参考になる**と思います。

実際、チャクラの違いは、人間関係の様々な要素にも、しっかり現われてきます。たとえば恋愛の場合です。

赤の「ムーラダーナ」の人は合理的で、「自分にとって得になる」とか「お金を持っている」など、少し打算的にパートナーを選ぶ傾向があります。

これに対して緑の「アナハタ」の人は、ときに「愛されたい」の傾向が強く出て、持っている緑のオーラがピンクに近くなってしまうこともあるのです。

そこで「アナハタ」の女性と、「ムーラダーナ」の男性がカップルになったら、どんなことが起こるか？　男性は仕事に熱心で、女性のほうをほとんど顧みない。女性のほうは「私より、仕事のほうが大切なの？」と男性に詰め寄る……。

お互いのことが想像できないと、たちまち大ゲンカになってしまうことが想像できます。

また、青の「ヴィシュッダ」とか藍色「アジュナ」の人々は人間関係にドライなので、自分のことに集中していると、恋人であっても一週間くらい相手に連絡しないで、まったく平気だったりします。

ところがオレンジの「スワディスターナ」や黄色の「マニプラ」の人は情熱的で、こまめにコミュニケーションを取ることを求めたりする。

それでも「マニプラ」の人は忍耐強く相手を待ちますが、「スワディスターナ」の人は飽きっぽいから、すぐに浮気に走ったりします。

逆に、この立場が緑の「アナハタ」だと、「どうせ私なんて愛されていないんだ」と悲観して、自分から身を引いてしまったりするわけです。

仕事でももちろん、カルマチャクラの特性は、自分の持ち味として現われますが、**会社への考え方にもその違いは出てきます。**

たとえば仕事が合わなくても、黄色の「マニプラ」の人がいつまでも耐えてしまいがちなのに対し、オレンジの「スワディスターナ」の人は、思い切りがよいので、スパッと辞めて転職を繰り返します。赤の「ムーラダーナ」の人は、むしろ責任感が強過ぎて辞められません。緑の「アナハタ」の人は、人間関係次第です。

青の「ヴィシュッダ」や藍色の「アジュナ」の人は、本来はフリーで仕事をするほうが向いているでしょう。緑の「アナハタ」もそうですが、彼らは赤やオレンジ、黄色のチャクラの人をサポートし、活かすことによって、むしろ輝きます。チャクラからその人がどう決断するかを予測すると、本当に不思議なくらい当たるものです。ぜひ、ご自身でも活用してみてください。

宿題は「簡単にできない」からこそ面白い

カルマチャクラは、別に「相性」ということではありません。人は誰しも言霊のパワーを持っており、相手のことをちゃんと理解すれば、どんな人とでも、魂のつながりをつくることはできます。

そもそもカルマチャクラは、人間が神様から授かって生まれてくる「宿題」なのです。「いい」も「悪い」もありません。あらゆることは神様からのギフトなのですから、優劣だって存在しないのです。

あなたのカルマチャクラに合った、あなたらしい乗り越え方をしていけば、必ず成長し、幸せをつかめるようになっています。

ヨガの教えでは、人は輪廻転生していくのですが、最初は第一チャクラである

「ムーラダーナ」の宿題を持って生まれます。人生を終えるときにその宿題を解決していれば、次の宿題のチャクラを持って生まれ変わります。

そうやって一つひとつの宿題を何度もの人生で克服し、最後に神様のレベルに到達した人が、最終試験のような形で「サハスラーラ」として生まれて世の中に貢献するわけです。

だから、**チャクラの違いは、単に役割の違い。**そうやって僕らは、いくつもの宿題を解決しながら、魂のレベルを高めていくのです。

ですから自分の欠点を、別に「悪いこと」とは考えず、**神様から与えられた個性として、自信を持って毎日の宿題に挑んでください。**困ったときは、自分とは違う個性の持ち主に、すすんで頼ってしまえばいい。

そのために人は、言霊のパワーを持っているのです。

6章

身体じゅうにエネルギーをチャージする習慣

――いいコンディションに、いい言霊は宿る

「口角が上がる言葉」を意識してみる

「心」と「身体」と「魂」は、つながっているものです。

本書でこれまで述べてきた言霊に関する知恵は、**「心」から発せられる「言葉」と、「身体」から発せられる「声」によって、自分自身の魂を輝かせるノウハウ**といっていいでしょう。

最後の本章では、「言霊」というテーマからは少し外れるかもしれませんが、「身体」に働きかけて、心を磨き、魂を輝かせることにふれてみましょう。

「言霊というテーマから少し外れる」といいましたが、実際は科学的に考えても、脳を通して身体と言葉は連動しています。

そもそも、ものを考える脳も、身体の一部なのです。その脳で言葉がつくられるのですから、身体の状態によって言葉に影響が出てきます。

あなたも、普段の生活を振り返ってみてください。

「身体の状態によって言葉に影響が出る」というのは、誰でもよく体験しているでしょう。

それはたとえば、**爽やかで気分のいいときは、知らず知らず、人にも爽やかな言葉を発している**ということ。

たとえばあなたは今日、お酒なども飲まず、夜更かしもしないで、前に紹介した「今日は死ぬのにいい日だったな」という肯定の言葉を口にして、気持ちよく眠ったとしましょう。

次の日の朝は、快適に目覚めます。そうしたら前章で紹介した、「ムー、ウー、オー、アー、エー、イー、ンー」という言霊を唱えて、身体にエネルギーを送り込みます。

すると出勤しても、何だかとても快適で、すべてがうまくいきそうです。上司にもそんな明るい気持ちのまま、「おはようございます」と挨拶をした。

上司のほうは、「なんだアイツ、あんな気持ちのいい挨拶ができるんじゃないか！　じゃあ、いい機会だ。そろそろ経験だし、この新しいプロジェクトに抜擢《ばってき》してみようか」と考える……。

少しでき過ぎではありますが、こういう連鎖は日常ではよく起こっています。身体が言葉を変え、言葉が人生を変えるわけですね。

☆感情をコントロールする前に試してほしいこと

一般的な社会人研修などでも、よく「口角を上げる」というコミュニケーションのトレーニングが行なわれています。

鏡の前で口角を上げて、ニッコリ笑ってみる。するとお客さんに会ったときも、気持ちのいい笑顔ができるようになるから、印象がよくなり、成績が上がる……。

一般的にはそう思われていますが、僕は別の要因が大きいのではないかと思っています。

つまり、「口角を上げる」という〝笑顔〟の動作をすれば、自分の心のほうが楽しくなってしまうのです。それは行動が「楽しい」から、心も「楽しい」になったということ。

実際、「笑顔のまま怒れ」といわれたって、普通はできませんよね。つまり**楽しいときの反応をしてしまえば、心も楽しくなるのです。**

ならば感情を一生懸命にコントロールするよりも、身体を先にコントロールしてしまったほうが早い、ということになります。

“心のブレーキ”を外す、一番簡単な方法

「がんばろう！」

「やる気を出そう！」

いくら言葉を唱えたところで、なかなか気力もモチベーションも高まってこない。そんなときは先に、身体を動かしてしまったほうがいい。

僕がそのことを、インドでのヨーガの修行を通して学んだことは、すでに述べました。

僕は、「アナハタ」の気質ですから、もともと人間関係に傷つきやすい。また、ただでさえ人に見えないものが見える体質です。

人間関係で心に大きな傷を負った当時の僕は、日本での仕事を辞めて海外へ移住することを考えていました。

自分がどれだけベストを尽くしてもうまくいかないこともある、ということを知り、自信を失っていたのです。

不眠症になり、夜も眠れない日々が続きました。

そんな中、僕は以前からの趣味であったヨガに没頭するようになりました。特に運動量の多い「アシュタンガヨガ」をベースに、毎朝二時間のトレーニングをみっちり行ない、同時に食事制限を続けたのです。

そのうち、一般的な中年男性と変わらなかった僕の身体は、みるみるうちに引き締まっていきました。

最初は、後悔や罪悪感といった自分の中のネガティブな感情と向き合うことから逃れるために没頭していたヨガ。

そのヨガによって、僕は一時的に失っていた自信を取り戻し、前向きな気持ちを手に入れることができたのです。

身心と体は、密接につながっている――。

それをわが身で実感した僕は、50ページで述べたように、本格的な古典インドヨーガを本場で学ぶことを決意しました。

様々な奇跡的なご縁がつながったこともあって、インドでの厳しい修行を無事に経て、現在に至るのです。

☆「自信」がドーッと一気になだれ込んでくる！

身体を動かすことが自信につながり、積極的な行動をうながすことは、ヨガを学んでいる生徒さんを見ていてもわかります。

最初はつらいヨガの姿勢でも、半年もやっていれば慣れてきます。それは、何歳から始めた人でも変わりません。

たとえば、四〇代の人が半年学んだ後に、二〇代の生徒さんが入ってきたとしましょう。

若い人でも、ヨガは初めてなのでハアハア汗だくになりながら、いろいろな姿勢に挑んでいる。こっちは倍くらいの年齢なのに、すいすいと苦もなく、ヨガのポーズを取ることができる。

すると、「あれ、自分、まだまだイケるんじゃないか？」と密かに自信を持てるのは、想像できますよね。

自分の価値が信じられなくなったら、一番シンプルな解決法は、身体を動かしてみることなのです。

もちろん、方法はヨガだけではありません。ジョギングをしてみてもいいし、ジムに行ってもいいのです。

身体は実に正直です。

鍛えれば確実に筋肉がつき、持久力がついて、以前よりも強くなる。

今まで持ち上げられなかったダンベルが上げられるようになるし、今まで駆け上がれなかった坂が、苦もなく走って登れるようになる。努力は確実に、結果に出てきます。

ですから「自分には何かができる」ということを確認するのには、身体を動かし鍛えることが、一番手っ取り早く、効果的な方法なのです。

イライラも不安も、〝小さな練習〟で消せる

そこでもう少し、運動の効果に踏み込んでみましょう。

そもそも古典インドヨーガでは、身体を動かすこと（アーサナ）は重要視していません。しかし、現代ヨガではアーサナが主流です。呼吸と身体を連動させることによって、「心の作用を死滅させる」という効果を狙っています。

『ヨーガ・スートラ』の第1章第2節には、「ヨガとは、心の作用を死滅させることである」と書いてありますから、「心を死滅させる」のはヨガの根幹にある目標になります。

急に「死滅させる」という強い言葉に、驚かれましたか？　おだやかではありませんよね。

これはつまり、**迷いや不安や恐れなどの感情を排除し、「心を無にする」とい**

うことです。

仏教でもそのために坐禅をして、悟りを開くのですが、このとき僕たちは〝ありのままの自分〟と向かい合える。

すると**悩みもストレスもなくなり、魂はクリアな状態となって、一番幸せな心持ちが維持できる**ということなのです。

☆「瞑想」を気軽に日常に取り入れるコツ

そのための方法の一つが、「瞑想」です。

最近は「マインドフルネス」という手法が流行し、大きな会社でも研修で瞑想を行なうところが増えてきました。

目をつぶって、雑念をどんどん取り除き、頭を空っぽにする。そうすると、確かに心は無の状態になるし、リラックスしてとてもいい気分になります。ストレスを取り除くのにも、瞑想はとても効果的なのです。

でも、「じゃあ瞑想して、心を無にしよう」と思ったとしても、簡単にできますか？

難しいですよね。とくに気になっていることがあったり、心を悩ませていることがあったり、悲しい気持ちでいっぱいになったりしているときに「さあ、今から心を無にするぞ！」とがんばったって、できるわけがないのです。

じゃあ、どうしましょうか？

僕はよく「悩んだら汗をかけ！」といっています。

意味するものは簡単、**思いっ切り、身体を動かしてみればいい**ということです。スポーツウェアに着替えて、その辺を走ってみる。サーフィンをしてみても、山登りに出かけてみても、何だっていいのです。

ハーハーいいながら全力で身体を動かしているとき、日常生活の不安なんてどこかにきれいさっぱり吹き飛んでいるでしょう。

僕自身はサーフィンを趣味でやっていますが、波に乗っている間は、無心で身体のバランスを取っていないと、ボードがひっくり返ってしまいます。だから、サーフィンをしている時間は、まさに瞑想の時間だなと思います。

山登りも、それに似ていると思います。

最初は足元を見ながら、気になっていることを考えつつ歩いているかもしれません。でも、だんだんと「登ること」以外のことは考えられなくなり、いつのまにか無心になって、ひたすら登り続ける。気づいたときは「ああ、だいぶ登ってきたなあ」「もうお昼が近いのか、お腹がすいた！」などと、日常のことはさっぱり忘れてしまっているでしょう。

つまり、**瞑想しているのと同じ状態が、身体を動かしているときにはつくられているの**です。だから運動が終わった後、日常に戻っても、少しだけ悩みは軽くなっているはずです。

一生懸命に心を無にしようとするより、ずっと簡単とは思いませんか？

☆サウナで汗をかいても、解決にはなりません

「悩んだら汗をかけ！」と僕がいうと、ときどきサウナなどで汗をかくことで、途中経過を省略してしまう人がいます。

インド哲学的に考えると、特殊な環境下で強制的に汗をかくというのは、身体に大きな負担をかける行為なので、あまりおすすめはできません。

また、こうした簡略化した方法では、心の悩みもあまり解決できない、と僕は思っています。

だから「体を動かしましょう」とすすめるのです。

運動が苦手とか、これまであまり運動したことがない、という人でも、やりだせば必ず楽しくなります。

ぜひ、運動を習慣として取り入れるようにしてみてください。もちろん僕のところに来てくださった方であれば、迷うことなくヨガをすすめます。

でも本書の読者の方であれば、別にヨガに限定することもありません。ジムに行ってみてもいいし、ジョギングを始めるのでもいい。

それこそ、いま本書を読んでから、「じゃあ、そのへんを歩いてくるか」ということでもいいのです。

心の前に、先に身体のほうに働きかけてみてはいかがでしょうか？

自分の実力に〝フタ〟をしていませんか？

人にとって身体というのは、とても重要なものです。

誰しも身体がなければ、魂の容《い》れ物がないわけですから、生まれてくることができません。

それなのに、当たり前のことに冷たい私たちは、つい目まぐるしい日常生活に追われ、身体との会話を疎かにし、身体からのヘルプサインを無視してしまいがちです。

その結果、生活習慣病やメタボ、気づいたときには手遅れの大病を患《わずら》ってしまったりするのです。

身体がなくては生きられないにもかかわらず、人は、他人にばかり気をつかって、**大切な自分自身の身体のことを、あまり理解していない**ことが多いのです。

たとえばあなたは、自分の限界を、どれほど知っているでしょうか？

小学校の授業でも取り上げられている「オノマトペの法則」というものがあります。跳び箱の三段しか飛べない子を、五段飛べるようにする、簡単な方法とされています。

それはまさに「言霊」なのです。

まず「サーッ」といいながら走らせます。

で、「タン」といって台に乗り、「パッ」といって手をつき、「トン」と飛ぶ。

この「サーッ」「タン」「パッ」「トン」で、ほとんどの子が五段を飛べるようになるとか。

このような方法は、他にもたくさんあります。

ゴルフのスイングの際、「チャー・シュー・メン」といいながらタイミングを取るとうまく飛ぶとか、包丁で野菜を切るとき、「とんとんとん」と口に出しながら切ると、切り幅が一定になり作業もスピードアップする、といった例が有名です。これらも「オノマトペの法則」に則ったもの。

つまり、身体はそれだけの潜在力を持っているのに、普段は発揮していない。

それを「言霊の力」で引き出しているわけですね。

☆「瓦割り」、本当は誰にでもできる!?

僕はその昔、空手をやっていたのですが、「瓦《かわら》割り」というと、経験のない人は絶対に自分にはできないように思うでしょう。

「できるわけがない!」「絶対、手を痛めるな……」なんて思いながら、瓦に向かってチョップしても絶対に割れません。それは**力がないのではなく、思い込みが自分にブレーキをかけるから**です。

なぜ空手家が瓦を割れるかというと、これは「イメージ力」のおかげなのです。瓦に思いっ切りチョップをして、パカッと割れる。手は全然、痛くない……。そのイメージができれば、寸前のところでも、潜在意識はストップをかけません。だから瓦が割れるのです。

同じことはヨガをやっていても、よくあります。

ヨガをやっていると、慣れている人はものすごく複雑なポーズを取っています。

初心者の方は、「自分の身体は固いから無理」と思い込んでいるから、自宅で同じポーズを取ろうとしても、まずできないでしょう。

でも道場に来て、皆でやっていると、「ひょっとしたら、自分もあれくらい身体が曲がるんじゃないかな」という気になるのです。

そして、実際にやってみたら、案外あっさりできてしまう……。そのようなケースは、よくあります。僕は「波動」のようなものが伝わるのではないかと思っています。

いずれにしろ、他人が「できる」なら、自分も「できる」という気持ちになり、実際にやったらできる。

本当は身体がそこまで曲がるようになっているのに、私たちは思い込みで「できない」ように暗示をかけているだけなのです。

「裸足で歩いてみる」ことの意外な効果

身体が感じている思い込みを知るのに、一番わかりやすいのが「足の裏」ではないかと思います。

足の裏をくすぐられると、誰でも〝くすぐったい〟ですよね。けれども子どもの頃は、裸足でその辺を歩いてもまったく平気だったはず。

実は本当はそれほどでもないのに、「足の裏をくすぐられると、くすぐったいぞ」と思い込んで大人になるから、必要以上に足の裏が敏感になっている部分も多いのです。

その証拠に、僕はヨガを教えるとき、「足の裏がくすぐったい」という人の足を持ってあげて、「ここに意識を集中して」と集中させます。

その状態で足の裏に触わると不思議！　全然、くすぐったくないのです。

これも、人はいかに思い込みに支配されているかの実例です。

そこで〝足の裏は思うほどくすぐったくない〟ということに気づいたら、ぜひ試してほしいのは、**「地面の上を裸足で歩く」**ということです。

別に会社まで裸足で行けとか、裸足で買い物に行けということではありません。たとえば公園まで散歩し、着いたら靴を脱いで、芝生の上を裸足で歩きまわるだけでもいいでしょう。

童心に返ったようですが、やってみれば非常に気持ちがいいことに気づくはずです。

実はこれ、「アーシング」といって、欧米でも行なわれている、今話題の健康法の一つ。身体にたまった静電気を取り除き、疲労を回復させる効果があるといわれています。

それ以上に、「裸足で歩く」ということで、**自分が縛られている世の中の常識や、自分が思い込んでいる限界を超えられることを知ってほしい**のです。

裸足で歩くなどというと、現代に生きている人は、みんなこういいます。

「そんな汚いこと、できるわけがない！」

「毒のある虫がいたら、どうするの？」

「犬のうんこを踏むかもしれない……」

でも、やってみれば何でもない。むしろ気持ちがよく、病みつきになるかもしれません。

自分で勝手に「やっちゃいけないこと」と思い込んでいるだけなのです。

☆「自分には無理だ」の外し方

裸足で歩くのと同じように、「ほかの仕事なんてできるわけがない」とか、「自分が人前で話せるわけがない」とか、「自分を愛してくれる人なんているわけがない」なんて、勝手に思い込んでいる人が大勢います。

すべて「できない」と自分が決めているだけ。

それでも「できない」というなら、今まで「できない」と思っていたことを一つひとつ打ち破って、「自分にはできるんだ」ということを、たくさん経験してほしいのです。

たとえば、「裸足で歩く」というのは非常に簡単ですよね。

「できた！」という言霊を積み重ねていけば、だんだんと「できない」の心も、「できる」に変わっていきます。

そのためにはまず、体に「できること」を教えてあげてください。方法は、何でもいいのです。

歩いていくなんてとても無理、と思っていた遠い駅まで、休日に歩いてみるのでもいい。

嫌いだと思っていたものを、食べてみるのでもいい。

苦手だったテーマの本を、読んでみるのでもいい。

ウマが合わないと感じていた人と、一緒にランチしてみるのでもいい。

方法は、たくさんあると思いますよ。

「命のありがたさ」を感じる、こんなワーク

身体はとても大事なのに、身体のことがわかっていない。それだけでなく、大事であるにもかかわらず、皆、身体を大切に扱っていない、というのも事実だと思います。

他人に何かしてもらったら、あなたはおそらく「ありがとう」というと思います。これはものすごくパワーを持った言霊の一つでしたね。

では、自分の身体に対して「ありがとう」といっているでしょうか？

僕が、お風呂に入ると、自分の身体の隅々《すみずみ》にまで「ありがとうね」と言葉をかけているというお話は先ほどしました。

これと同じように、あなたもぜひ、**お風呂に入ったときには手に石けんをつけて、足の指先から顔まで、すべてに「ありがとう、ありがとう」といいながら、**

洗ってみてください。

おそらく全身がポカポカして、力がみなぎってくると思います。あなたの言霊に、ちゃんと心が反応しているということです。

☆たとえばスマホ……身体によくないものとの付き合い方

身体を大切にすべきなのに、人はついつい、「身体に悪い」というものを受け入れています。お酒やタバコはもちろんですが、皆が肌身離さずに持っているスマホだって同じです。

電磁波が心身の健康によくないということは、すでにいろいろなところでいわれていますよね。

僕は、就寝するとき、絶対にスマホを身体から遠ざけるようにしています。ベッドの周囲はもちろん、寝室にも持ち込みません。

実際、電波や電磁波が飛びかっているところでは、人の言霊の力がずいぶん弱まっていることを僕は感じています。

だから寝るときまでスマホを枕元に置いておくなんてことは、身体にとっても魂にとってもよくないと思うのです。

もちろん現代で、スマホを持たずに生活することは難しいでしょう。それならせめて、寝るときぐらいは、身体から離して置いておきませんか？

身体とスマホ、「どっちが大切？」と聞かれて、まさかスマホを選ぶ人はいませんよね。

☆「息」ができるって、本当はありがたい！

もう一つ大切にしてほしいのは、「息」です。

それが「声」につながり、言霊のベースになっていることは前章でも述べました。息はまさに言葉であり、魂にもつながっています。

科学的に身体のことを考えたって、人間は食事をしなくても、一週間くらい生きられます。けれども呼吸をしなければ、わずか五分くらいであっけなく死んでしまうのです。世界記録だって、せいぜいたったの二〇分。

なのに食事には気をつかい、身なりや肩書きにも気を配っているような人でも、なぜか「息」には注意を向けていません。

僕たちは、人工的な排気ガスが蔓延《まんえん》しているところに居座り、埃《ほこり》だらけの部屋や、窮屈な電車に押し込められる毎日を繰り返している。

かといって、広大な土地を持つ外国に引っ越して暮らそうというのは、容易にできない相談でしょう。

それなら**週末にでも、あるいはせめて一カ月に一回でも、郊外の森などに行って、新鮮な空気を吸い込むことを習慣にしてもらいたい**のです。

その上で毎日、できるだけ緑の多いところを通って通勤し、部屋に観葉植物などを置く。それだけでも吸い込む空気は、かなり浄化されると思います。

〝運命を操るハンドル〟は、すでにあなたの手の中

「あなたは誰ですか？」

そう聞かれたら、あなたならどのように答えるでしょう？　僕がインドにヨーガを学びに行ったとき、師匠が真っ先にした質問が、これだったのです。

多くの人はこの質問をされたとき、「会社員です」とか「主婦です」など、自分の立場を説明します。あるいは名前をいう人も多いでしょう。

ただ、僕はこう答えました。

「僕は僕です」

すると師匠からは、**「あぁ、素晴らしいね。いい答えだ」**といわれたのです。

どうしてこの答えがいいのか？　僕が教えられたのは、このような理由です。

名前にしろ立場にしろ、すべては外から得たもの。

本来の「自分」ではありません。

人はそもそも無垢《むく》な「魂」の存在であり、それが「身体」に入ることによって誕生してくる。そして成長していく過程で、「心」が育っていきます。

心が育っていく中で、私たちは知識を身につけ、経験を重ね、記憶を積み上げていく。でも、これらは「魂」が乗った「身体」に、どんどん刷り込みを植え付けていくことに違いありません。

もちろん刷り込みには、知恵として生きるために必要な真理もある。ただ、本来の魂のありようとは違った、執着や煩悩《ぼんのう》も多く含まれています。

その執着や煩悩で苦しむのだとしたら、やはりもとの「身体」に立ち返り、「魂」に問いかけることが必要なのです。その方法が言霊であり、身体を動かすことなのだと僕は思っています。

☆最近、何を見て笑いましたか?

聞くところによると、人間は子どものとき、一日に四〇〇回も笑うそうです。

それが大人になると、一日に一〇～一五回しか笑わない。

笑うというのは、心が楽しんでいるということで、魂が求めている感情です。人はごく普通に、ありのままで生きていれば、楽しいことを求めていきます。

ところが大人になると執着や煩悩で考え過ぎ、魂が求めている楽しいことから離れていくのです。

一体、あなたは何をしたがっているのか？

もっと魂に問いかけ、感情を言霊にしていくべきでしょう。

「これが楽しい」「これをしたい」と、ただそれだけのことでいいのです。

わからなかったら、身体に問いかけてみる。

いい気分になって、もう一度、「何がしたいのか？」「どうなりたいのか？」と自分に問いかけてみる。

悩んでいる自分も、苦しんでいる自分も、あなたが望んでいる自分ではないはずです。

もっと望むように、ワクワクするように、魂に従った生き方を目指していこうではありませんか。

「魂の声」に耳を澄ませれば、必ずうまくいく

ありのままの魂が望むものに従っていけば、人は自然と「なるようになる」「楽しく満足できる方におさまる」ように、誘導されていくものです。

神様が道標を与え、あなたの魂が、体が、最後に心が、そこに従っていく。というか、本当はちゃんと道標があるのですが、それに従っていない人が多いだけなのです。

ただ「いいたいこと」をいわず、ありのままの自分を抑えて流されているのであれば、人生はいい方向に向かってはいきません。

ジュリア・ロバーツが主演した、『食べて、祈って、恋をして』という映画があります。実在の女性の、本当にあった体験をもとにしてつくられた映画です。

この映画の主人公の女性は、仕事もプライベートも充実しており、一見、誰もがうらやむ状態でしたが、なぜか心にはぽっかりと穴が空いていました。

「満ち足りているはずなのに、何か物足りない……」。そんなとき、旅行先のバリで占い師に出会い、人生についてユニークな予言を受けます。

やがて彼女はすべてを捨てて〝本当の自分〟を探す旅に出るのです。そしてインドでヨガと瞑想に打ち込み、「自分らしく在《あ》るって、こういうことなんだな。よし、人生を楽しもう」と気づく。こうして彼女は世界を旅しながら、本当の自分に気づいていくのです。

決して「何がいい」とか、「何が悪い」ということではない。

自分が何を好み、何を求め、何に惹かれているかが重要なのです。

あなたもそれを「言霊」にして口にし、勇気を出して動いてみませんか。後は神様の道標に従っていけば、気づいたら望む人生は手に入っているでしょう。

だから何も心配せず、もっと気楽に、自分の人生を生きてみてください。

あなたは絶対に、うまくいきます。

本書は、本文庫のために書き下ろされたものです。

いいことがたくさんやってくる!
「言霊《ことだま》」の力《ちから》

著者　黒戌　仁（くろいぬ・じん）
発行者　押鐘太陽
発行所　株式会社三笠書房
〒102-0072 東京都千代田区飯田橋3-3-1
電話　03-5226-5734(営業部)　03-5226-5731(編集部)
http://www.mikasashobo.co.jp
印刷　誠宏印刷
製本　ナショナル製本

©Jin Kuroinu, Printed in Japan　ISBN978-4-8379-6861-0　C0130

王様文庫

王様文庫

いいことが次々やってくる！「神様貯金」

真印

「まるで、お金を積み立てて貯金をするように、『いいこと』をすれば、それに応じて、あなたの願いは次々と実現していきます」――1300年、邪気を払い続けてきた四国・松山のスピリチュアル一族が教える、絶対に幸せをつかむための、この世で最もシンプルな法則！

伊勢の陰陽師が教える「開運」の作法

一宮寿山

陰陽道、古神道の教えをベースに、心身を清らかに磨き、人生を楽しむ開運の作法を紹介。招福を叶える〈秘密の呪文〉と〈護符〉付き。◇満月の月光にさらした「塩」の効果　◇神社参りと同じ効果！「風の祓い」……「神様のご加護」をいただきながら、幸せ感たっぷりに生きるコツ満載！

神さまとの直通電話

キャメレオン竹田

「やっぱり、私は護《まも》られている。サンキュー神さま!!」……そう実感できるようなことが次々起こる秘密とは？　★心と体が「ゆるむ」ことが正解！　★「使っていないもの」は手放す　★いつでも「ある」と思って暮らす……etc.　これが、運がよくなる《波動》の法則！

K30444